CARLOS A. GEBAUER

GRUNDGESETZ 2030

Carlos A. Gebauer (* 1964 in Düsseldorf) ist Rechtsanwalt, Fachanwalt für Medizinrecht und Publizist. Er studierte Philosophie, Neuere Geschichte, Sprach-, Rechts- und Musikwissenschaften in Düsseldorf, Bayreuth und Bonn. Sein Interesse für das Medizinrecht führte ihn bereits während seiner Referendarzeit in die Spezialkammer für das Kassenarztrecht bei dem Sozialgericht Düsseldorf. Darüber hinaus versah er einen Teil seines juristischen Vorbereitungsdienstes bei der Landesmedienanstalt NRW (damals noch: Landesanstalt für Rundfunk). Seit 1994 ist er als Rechtsanwalt zugelassen und arbeitet insbesondere auf den Gebieten des Versicherungs- und Krankenhausrechtes. Von 1995 bis 2007 war er zusätzlich als amtlich bestellter Notarvertreter tätig und seit 2003 verrichtet er Dienst als Anwaltsrichter. In den Jahren 2002 bis 2010 absolvierte er ein bezahltes Praktikum zu der Frage, wie Fernsehsendungen produziert werden bei den Sendern RTL und SAT1.

CARLOS A. GEBAUER

GRUNDGESETZ 2030

MODERNISIERUNGSVORSCHLÄGE
FÜR EINE ERHALTUNGSSANIERUNG

lau verlag

Bibliografische Information der Deutschen Nationalbibliothek
Die Deutsche Nationalbibliothek verzeichnet diese Publikation in der Deutschen Nationalbibliografie; detaillierte bibliografische Daten sind im Internet über http://dnb.d-nb.de abrufbar.

MIX
Papier | Fördert gute Waldnutzung
FSC® C014138

ISBN 978-3-95768-231-4

www.lau-verlag.de

Umschlagentwurf: pl, Lau-Verlag, Reinbek
Umschlagabbildung: © Istockphoto/grinvalds
Satz und Layout: pl, Lau-Verlag, Reinbek
Druck und Bindung: Finidr, s.r.o.
Printed in Czech Republic

Nemindem laede, immo omnes, quantum potes, iuva!

Inhalt

Vorwort

Am 23. Mai 1949 hatten die Mitglieder des Parlamentarischen Rates in Bonn ihre Arbeit an einem Grundgesetz für die Bundesrepublik Deutschland fertiggestellt. Sie handelten dabei unter der Annahme, eine Art provisorische Verfassung zu schaffen. Das Grundgesetz sollte für die von den westalliierten Siegermächten besetzten drei Zonen Deutschlands gelten. Die von der Sowjetunion besetze »Ostzone« beteiligte sich nicht an diesem Verfassungskonvent und setzte statt dessen ein knappes halbes Jahr später einen eigenen Verfassungstext für die Deutsche Demokratische Republik in Geltung.

Hätte man den damals in Bonn Beteiligten gesagt, dass ihr Verfassungswerk auch im Jahre 2021 mit seinen wesentlichen Grundzügen noch in Geltung stehen werde, würde sie dies mit einiger Wahrscheinlichkeit erstaunt haben. Denn die Geschichte Deutschlands und Europas in der Zeit vor dem Jahr 1949 hatte kaum Staaten gesehen, deren Verfassungsordnung dem Leben der Menschen derart stabil und verlässlich über Jahrzehnte hinweg einen Rahmen gab.

Zwei verheerende Weltkriege innerhalb von dreißig Jahren und insbesondere der eben erst kollabierte totale nationalsozialistische Staat in Deutschland hatten das Bewusstsein der Beteiligten geprägt. In einem Entwurf, der dem Parlamentarischen Rat als Arbeitsgrundlage diente, hatte ein vorangegangener Verfassungsausschuss aus den Ministerpräsidenten der Länder der drei Westzonen einen Artikel 1 formuliert, dessen erster Absatz lautete:

»Der Staat ist um des Menschen willen da, nicht der Mensch um des Staates willen.«

Es bedarf wenig historischen Wissens, um zu erkennen, dass diese inhaltliche Positionierung des sogenannten »Herrenchiemseer Entwurfes« aus dem Jahre 1948 das exakte Gegenteil der vorangegangenen Staatsauffassung markierte, in der es geheißen hatte: »Du bist nichts, Dein Volk ist alles.« In der Endversion des Grundgesetzes von 1949 rückten dann die unantastbare Menschenwürde und die Unverletzlichkeit der menschlichen Freiheit an den Beginn. Deutschland erhielt auf diese Weise – zuerst in den drei Westzonen und dann im Jahre

1990 nach der Wiedervereinigung mit der vierten Zone im Osten auch dort – eine im geschichtlichen Kontext wie auch im internationalen Vergleich zweifellos bemerkenswerte Verfassung. Sie ermöglichte nicht nur einen feingliedrigen Interessenausgleich zwischen Bund, Ländern und Gemeinden, sondern ihre Verfassungsprinzipien setzten dem politischen Streit einen klugen Rahmen. Bei aller stets möglichen Kritik im Detail bot das Grundgesetz daher seit 1949 eine augenscheinlich sehr gedeihliche Basis für das gesellschaftliche und wirtschaftliche Blühen des ganzen Landes.

Die Geschichte des demokratischen Rechtsstaates bleibt jedoch bei aller Freude über Gelungenes nicht stehen. Auch Gutes – und selbst das Beste – muss immer wieder daraufhin untersucht werden, ob es in seiner Gestalt den neuesten Anforderungen noch gerecht wird. Zu prüfen ist, ob die lieb gewonnenen Strukturen in ihrer gegebenen Form noch hinreichend resilient sind, um auf ihren Erhalt vertrauen zu können. Zu betrachten und zu diskutieren ist, ob Nachjustierungen sinnvoll und wünschenswert sind. Denn manches, was Menschen erfinden, erweist erst in der praktischen Erprobung, ob es die ursprünglichen Erwartungen erfüllt.

Meine nachstehenden »Modernisierungsvorschläge für eine Erhaltungssanierung des Grundgesetzes« wollen als ein Versuch verstanden sein, die klugen Prinzipien der bestehenden Verfassungsstruktur – weit über die Mindeststandards der bloßen »Ewigkeitsgarantie« des Artikel 79 Abs. 3 GG hinaus – zu betonen und sie in ihrer Durchsetzungskraft zu stärken. Das Selbstbestimmungsprinzip einer demokratischen Republik soll zugleich gekräftigt und der bewusste und gewollte Zusammenhalt der Beteiligten dadurch gefestigt werden.

Alle einzelnen Modernisierungsvorschläge stehen je für sich, um gesondert von anderen diskutiert werden zu können. Keinesfalls soll der vorgestellte Text als ein monistisches Konstrukt daherkommen, das entweder genau so oder gar nicht funktionsfähig wäre. Ein historischer Moment, der vermuten lässt, dass schon bald sehr grundsätzliche Fragen gestellt werden, legt nahe, den Sanierungsbedarf am Erhaltenswerten zu thematisieren. Bis 2030 sollte die gemeinschaftliche Erörterung abgeschlossen werden können. Auf dieser Annahme beruht der Name dieser Vorschläge.

Um zu dokumentieren, wie viel (oder: wie wenig) meine Vorschläge in den bestehenden Textkörper eingreifen, stelle ich alle Artikel dar, d.h. auch jene, die in meinem Blick unverändert bleiben. Die jeweilige Anmerkung zeigt, dass und wo eine Modifikation angeregt wird und sie erläutert, warum dies geschieht. Würde man sich auf eine Neuverkündung der Verfassung verständigen, könnten (und sollten) die durch Zeitablauf zu totem Recht gewordenen Passagen selbstverständlich ihrerseits redaktionell bereinigt werden. Dies ist hier nicht das Thema.

Fast zeitgleich mit dem 72. Geburtstag des Grundgesetzes liegt der 30. Jahrestag meiner eigenen juristischen Berufstätigkeit. Nach jetzt mehr als einem Vierteljahrhundert kontinuierlicher anwaltlicher Tätigkeit sind in manche meiner Formulierungen Erfahrungen eingeflossen, die die Alltagsarbeit als sinnvoll erwiesen hat. Wer in der Praxis juristisch arbeitet, wird dies unschwer erkennen. In den zahllosen Gesprächen, deren Ergebnisse in den Entwurf eingeflossen sind, wurde mir immer wieder auch die Frage gestellt, welches denn die wesentlichsten Neuerungen in meinen Vorschlägen seien.

Ganz wesentlich erscheint mir, die Verantwortlichkeit der politischen Vertreter zu stärken und auf diese Weise zu einer effektiven Qualitätssicherung des staatlichen Handelns insgesamt zu gelangen. Es reicht nicht, Normen auf ihre Verfassungsmäßigkeit hin zu überprüfen. Verfassungsregeln müssen auch eine Prüfung auf ihre Kompatibilität mit allgemeinen Rechtsprinzipien bestehen. Dazu gehört wohl, den Fokus des Streites um ein freies oder ein gebundenes Mandat richtigerweise so zu justieren, dass die überall andernorts in unserer Rechtsordnung selbstverständliche Haftung des Vertreters für sein Tun in den verfassungsrechtlichen Kontext implementiert wird.

Nächstens erfordert eine freie und menschenwürdige Selbstbestimmung nach meinem Dafürhalten eine Ausweitung der Bereiche, in denen subsidiäre Selbstverwaltung ermöglicht wird. Dies drückt sich im Rahmen des Kommunikationsrechtes primär in meinem Petitum für eine konsequente Selbstorganisation der Rundfunkteilnehmer aus und wird weitergehend durch einen gestärkten *status negativus* bei der Vereinigungsfreiheit eingebettet. Größere Gestaltungsspielräume auf kommunaler Ebene und das Wahlverfahren für den Bundespräsidenten sind ebenfalls deutlich dazu angetan, das demokratische Prinzip zu betonen.

Indem kluge einfachgesetzliche Regeln des Beurkundungsrechtes für den parlamentarischen Gesetzwerdungsprozess fruchtbar gemacht werden, werden sich auch die durchweg belastenden Schwierigkeiten der heutigen Übernormierung schnell praktikabel lösen lassen.

Oft habe ich bei der Entstehung dieses Textes wegen seiner Bezüge zu den Jahren 1945 bis 1949 an meinen eigenen Großvater gedacht.

Leonhard Ingenhut (1898–1979) entstammte einer Arbeiterfamilie. Seine Eltern waren 1891 aus den Niederlanden nach Düsseldorf gekommen. Gerade vierzehnjährig, arbeitete er bereits als Grobschmied im Stahlwerk und wurde während der Weimarer Republik als Sozialdemokrat und Gewerkschafter sozialisiert. Sein spätes Studium der Nationalökonomie in Frankfurt am Main brach im April 1933 jäh ab, als er wegen seines Gewerkschaftsstipendiums zwangsexmatrikuliert wurde. Direkt nach dem Kriegsende 1945 gründete er in Düsseldorf mit Genehmigung der Britischen Militärverwaltung die SPD neu und beteiligte sich so am Wiederaufbau der zerstörten Stadt. Sein Selbstverständnis als Fraktionsvorsitzender der Düsseldorfer Ratsfraktion war bis zum Ende seiner Tätigkeit dort im März 1964, Stadt und Land besser verwalten zu wollen, als dies in der Vergangenheit der Fall gewesen war. Vielleicht würde er sich gefreut haben, als Anerkennung seines Lebenswerkes neben seinem Bundesverdienstkreuz erster Klasse auch lesen zu können, dass ihm diese Modifikationsvorschläge für unser Grundgesetz gewidmet sind.

Düsseldorf, im April 2021

Präambel

Im Bewusstsein ihrer Verantwortung vor Gott und den Menschen und von dem Willen beseelt, als gleichberechtigtes Glied eines demokratisch einträchtigen Europas dem Frieden der Welt zu dienen, beschließen die volljährigen Einwohner der Bundesrepublik Deutschland als deren Staatsvolk kraft ihrer verfassungsgebenden Gewalt in freier Entscheidung, ihr Grundgesetz wie folgt zu modernisieren. In dieser Fassung soll es gelten, bis eine andere Verfassung beschlossen werden wird.

I.
Die Grundrechte

Art. 1

(1) Die Würde jedes[1] Menschen ist unantastbar. Sie zu achten und zu schützen ist Verpflichtung aller staatlichen Gewalt.
(2) Das Deutsche Volk bekennt sich darum zu unverletzlichen und unveräußerlichen Menschenrechten als Grundlage jeder menschlichen Gemeinschaft, des Friedens und der Gerechtigkeit in der Welt.
(3) Die nachfolgenden Grundrechte binden Gesetzgebung, vollziehende Gewalt und Rechtsprechung als unmittelbar geltendes Recht.

Art. 2

(1) Jeder hat das Recht auf die freie Entfaltung seiner Persönlichkeit, soweit er nicht das Recht eines anderen[2] verletzt und nicht gegen die grundgesetzliche[3] Ordnung oder das Sittengesetz verstößt.

---

1 An die Stelle der unantastbaren Würde »des« Menschen tritt künftig die Würde »jedes« einzelnen Menschen. Damit wird die Subjektqualität jedes einzelnen Menschen nicht mehr nur prinzipiell, sondern jeweils konkret unter den Schutz der Verfassung gestellt.

2 Das Recht jedes einzelnen Menschen, seine Persönlichkeit frei entfalten zu können, findet seine Grenze künftig erst dort, wo sonst das konkrete Recht eines anderen verletzt würde, d.h. nicht bereits dort, wo es lediglich mit abstrakten Gruppenrechten kollidiert.

3 Das Grundgesetz geht supranationalen Rechtsquellen vor und gewährt den intensiveren Rechtsschutz.

(2) Jeder hat das Recht auf Leben und körperliche Unversehrtheit. Die Freiheit der Person ist unverletzlich. In diese Rechte darf nur auf Grund eines Gesetzes eingegriffen werden.

Art. 3

(1) Alle Menschen sind vor dem Gesetz gleich.
(2) Männer und Frauen sind gleichberechtigt. Der Staat kann die tatsächliche Durchsetzung der Gleichberechtigung von Frauen und Männern fördern und auf die Beseitigung bestehender Nachteile hinwirken, wenn die fördernde oder nachteilsbeseitigende Maßnahme nicht ihrerseits einen Nachteil für Nichtgeförderte oder Nichtbenachteiligte auslöst[4].
(3) Niemand darf wegen seines Geschlechtes, seiner Abstammung, einer ihm zugeschriebenen Rassenangehörigkeit[5], seiner Sprache, seiner Heimat und Herkunft, seines Glaubens, seiner religiösen oder politischen Anschauungen benachteiligt oder bevorzugt werden. Niemand darf wegen seiner Behinderung benachteiligt werden.

Art. 4

(1) Die Freiheit des Glaubens, des Gewissens und die Freiheit des religiösen und weltanschaulichen Bekenntnisses sind unverletzlich.
(2) Die ungestörte Religionsausübung wird in den Grenzen ihres unbedingten Respektes gegenüber der Religionsausübung anderer[6] gewährleistet.
(3) Niemand darf gegen sein Gewissen zum Kriegsdienst mit der Waffe gezwungen werden. Das Nähere regelt ein Bundesgesetz.

---

4 Das verfassungsrechtliche Verbot, nach dem Kriterium des Geschlechtes zu differenzieren, erfasst künftig auch staatliche Gleichstellungsmaßnahmen selbst.

5 Durch die Umformulierung von »Rasse« in eine »zugeschriebenen Rassenangehörigkeit« wird normativ klargestellt, dass es kein tatsächliches Phänomen »Rasse« gibt, an das verfassungsrechtlich angeknüpft wird. Der normative Anknüpfungspunkt ist somit die bloße Zuschreibung des vermeintlich tatsächlichen Phänomens.

6 Eine zunehmend multikulturelle Gesellschaft ist im Hinblick auf religiöse Vielfalt darauf angewiesen, dass ein selbst weltanschaulich neutraler Staat die Respektsphären der einzelnen Religionsgemeinschaften untereinander garantiert.

Art. 5

(1) Jeder hat das Recht, seine Meinung in Wort, Schrift und Bild frei zu äußern und zu verbreiten und sich aus allgemein zugänglichen Quellen ungehindert zu unterrichten. Die Pressefreiheit und die Freiheit der Berichterstattung durch Rundfunk und Film werden gewährleistet; jede öffentlich-rechtliche Rundfunkanstalt steht im Hinblick auf ihren Fortbestand und ihren Betrieb als Ganzes unter der unmittelbaren demokratischen Selbstverwaltungskontrolle der zu ihrer Finanzierung verpflichteten Beitragszahler[7]. Eine Zensur[8] durch den Staat oder auf seine Weisung hin findet nicht statt; desgleichen haben marktbeherrschende Betreiber von prinzipiell allgemein zugänglichen Informationsquellen sicherzustellen, dass weder ihre Geschäftsbedingungen noch auch die technische Ausgestaltung ihres Betriebes die Freiheit des Äußerns oder Verbreitens von Meinungen direkt oder indirekt behindern.
(2) Diese Rechte finden ihre Schranken in den Vorschriften der allgemeinen Gesetze, den gesetzlichen Bestimmungen zum Schutze der Jugend und in dem Recht der persönlichen Ehre.
(3) Kunst und Wissenschaft, Forschung und Lehre sind frei. Die Freiheit der Lehre entbindet nicht von der Treue zur Verfassung.

Art. 6

(1) Ehe und Familie stehen unter dem besonderen Schutze der staatlichen Ordnung.
(2) Pflege und Erziehung der Kinder sind das natürliche Recht der Eltern und die zuvörderst ihnen obliegende Pflicht. Über ihre Betätigung wacht die staatliche Gemeinschaft.
(3) Gegen den Willen der Erziehungsberechtigten dürfen Kinder nur auf Grund eines Gesetzes von der Familie getrennt werden, wenn die

---

7 Die Zubilligung grundrechtsgleicher Freiheitsrechte an eine behördenartig organisierte, öffentliche Rundfunkanstalt mit allgemeinem Teilnahmezwang erfordert deren durchgängig unmittelbar binnendemokratische Verfasstheit.

8 Das Recht, seine Meinung frei und ungehindert äußern zu dürfen, ist für einen freiheitlich verfassten, demokratischen Rechtsstaat schlechthin konstituierend, da er seine Legitimität und Akzeptanz aus der offenen, suchenden Debatte der Allgemeinheit nach gesellschaftlichen Gemeinsamkeiten bezieht. Die Bedingungen für die Möglichkeit eines solchen kommunikativen Prozesses darf der Staat weder selbst stören, noch deren Störung durch andere dulden.

Erziehungsberechtigten versagen oder wenn die Kinder aus anderen Gründen zu verwahrlosen drohen.
(4) Jede Mutter hat Anspruch auf den Schutz und die Fürsorge der Gemeinschaft. Erzielt eine Mutter nach der Geburt eines Kindes kein eigenes Arbeitseinkommen, so ist diejenige Person, die mit der Mutter in einem Haushalt lebt und deren Unterhalt sicherstellt, für die Dauer der Schulpflicht des Kindes, längstens bis zur Vollendung dessen 18. Lebensjahres, von jedweden öffentlichen Abgabenlasten freizustellen.[9]
(5) Den unehelichen Kindern sind durch die Gesetzgebung die gleichen Bedingungen für ihre leibliche und seelische Entwicklung und ihre Stellung in der Gesellschaft zu schaffen wie den ehelichen Kindern.

Art. 7

(1) Das gesamte Schulwesen steht unter der Aufsicht des Staates. Die sorgfältige Beschulung der Kinder im Geiste fachspezifisch wie weltanschaulich ausgewogener Neutralität und ihre unvoreingenommene Bildung zu selbstständigen Persönlichkeiten sind sicherzustellen.[10]
(2) Die Erziehungsberechtigten haben das Recht, über die Teilnahme des Kindes am Religionsunterricht zu bestimmen.
(3) Der Religionsunterricht ist in den öffentlichen Schulen mit Ausnahme der bekenntnisfreien Schulen ordentliches Lehrfach. Unbeschadet des staatlichen Aufsichtsrechtes wird der Religionsunterricht in Übereinstimmung mit den Grundsätzen sowohl[11] dieses Grundgesetzes als auch der Religionsgemeinschaften erteilt. Kein Lehrer darf gegen seinen Willen verpflichtet werden, Religionsunterricht zu erteilen.
(4) Das Recht zur Errichtung von privaten Schulen wird gewähr-

---

9 Die Steuer- und Beitragsfreiheit der unterhaltsleistenden Person in kindererziehenden Haushalten zielt auf eine insgesamt bessere Vereinbarkeit von Beruf und Familie. Sie stärkt das Familieneinkommen, entlastet zugleich öffentliche Unterbringungseinrichtungen und wirkt per Saldo der demografischen Überalterung entgegen.

10 Staatlicher Schulzwang ist nur legitim, wenn die Beschulung nach Art und Inhalt dem aktuellen Wissensstand der Schulfächer entspricht und jedwede gewollte oder nur geduldete Manipulation durch das Lehrpersonal unterbleibt.

11 Eine zunehmend multikulturelle Gesellschaft ist im Hinblick auf religiöse Vielfalt darauf angewiesen, dass ein selbst weltanschaulich neutraler Staat das Bewusstsein der einzelnen Religionsgemeinschaften auch gegenüber der verfassungsmäßigen Ordnung als des gemeinsamen Handlungsrahmens für alle Glaubensgemeinschaften wachhält.

leistet. Private Schulen als Ersatz für öffentliche Schulen bedürfen der Genehmigung des Staates und unterstehen den Landesgesetzen. Die Genehmigung ist zu erteilen, wenn die privaten Schulen in ihren Lehrzielen und Einrichtungen sowie in der wissenschaftlichen Ausbildung ihrer Lehrkräfte nicht hinter den öffentlichen Schulen zurückstehen und eine Sonderung der Schüler nach den Besitzverhältnissen der Eltern nicht gefördert wird. Die Genehmigung ist zu versagen, wenn die wirtschaftliche und rechtliche Stellung der Lehrkräfte nicht genügend gesichert ist.

(5) Eine private Volksschule ist nur zuzulassen, wenn die Unterrichtsverwaltung ein besonderes pädagogisches Interesse anerkennt oder, auf Antrag von Erziehungsberechtigten, wenn sie als Gemeinschaftsschule, als Bekenntnis- oder Weltanschauungsschule errichtet werden soll und eine öffentliche Volksschule dieser Art in der Gemeinde nicht besteht.

(6) Vorschulen bleiben aufgehoben.

Art. 8

(1) Alle Deutschen haben das Recht, sich ohne Anmeldung oder Erlaubnis friedlich und ohne Waffen zu versammeln.

(2) Für Versammlungen unter freiem Himmel kann dieses Recht durch Gesetz oder auf Grund eines Gesetzes beschränkt werden.

Art. 9

(1) Alle Deutschen haben das Recht, Vereine und Gesellschaften zu bilden. Niemand darf gegen seinen Willen gezwungen werden, Mitglied einer privaten oder öffentlich-rechtlichen Vereinigung zu werden oder zu bleiben.[12]

(2) Vereinigungen, deren Zwecke oder deren Tätigkeit den Strafgesetzen zuwiderlaufen oder die sich gegen die verfassungsmäßige Ordnung oder gegen den Gedanken der Völkerverständigung richten, sind verboten.

---

12 Im Rahmen der Vereinigungsfreiheit hat das Grundgesetz bislang den sonst üblichen »status negativus« der Grundrechtsdogmatik nicht konsequent umgesetzt. Künftig gilt das Grundrecht der negativen Koalitionsfreiheit für jedwede privaten und öffentlichen Körperschaften, sofern diese gebühren- oder beitragsfinanziert sind.

(3) Das Recht, zur Wahrung und Förderung der Arbeits- und Wirtschaftsbedingungen Vereinigungen zu bilden, ist für jedermann und für alle Berufe gewährleistet. Abreden, die dieses Recht einschränken oder zu behindern suchen, sind nichtig, hierauf gerichtete Maßnahmen sind rechtswidrig. Maßnahmen nach den Artikeln 12a, 35 Abs. 2 und 3, Artikel 87a Abs. 4 und Artikel 91 dürfen sich nicht gegen Arbeitskämpfe richten, die zur Wahrung und Förderung der Arbeits- und Wirtschaftsbedingungen von Vereinigungen im Sinne des Satzes 1 geführt werden.

Art. 10

(1) Das Briefgeheimnis sowie das Post- und Fernmeldegeheimnis sind unverletzlich.
(2) Beschränkungen dürfen nur auf Grund eines Gesetzes angeordnet werden. Dient die Beschränkung dem Schutze der freiheitlichen demokratischen Grundordnung oder des Bestandes oder der Sicherung des Bundes oder eines Landes, so kann das Gesetz bestimmen, dass sie dem Betroffenen nicht mitgeteilt wird und dass an die Stelle des Rechtsweges die Nachprüfung durch von der Volksvertretung bestellte Organe und Hilfsorgane tritt.

Art. 11

(1) Alle Deutschen genießen Freizügigkeit im ganzen Bundesgebiet.
(2) Dieses Recht darf nur durch Gesetz oder auf Grund eines Gesetzes und nur für die Fälle eingeschränkt werden, in denen eine ausreichende Lebensgrundlage nicht vorhanden ist und der Allgemeinheit daraus besondere Lasten entstehen würden oder in denen es zur Abwehr einer konkret[13] drohenden Gefahr für den Bestand oder die freiheitliche demokratische Grundordnung des Bundes oder eines

---

13 Die Einschränkung eines Grundrechtes alleine auf der Basis einer nur drohenden Gefahr ist im Hinblick auf das rechtsstaatliche Übermaßverbot künftig nicht mehr möglich. Die Drohung einer Gefahr muss darüber hinaus so konkret sein, dass die Realisierung eines Schadens nicht lediglich möglich erscheint, sondern ohne die Grundrechtseinschränkung nach dem einhelligen Urteil besonnener Sachkundiger mit überwiegender Sicherheit bevorstünde. Sobald die Verbreitung einer Seuche nicht mehr im gesamten Bundesgebiet exponentiell ansteigt, sind Einschränkungen der Freizügigkeit unstatthaft.

Landes, zur kurzfristigen Bekämpfung einer akuten[14] Seuchengefahr oder Naturkatastrophe, von besonders schweren Unglücksfällen, zum Schutze der Jugend vor Verwahrlosung oder um strafbaren Handlungen vorzubeugen, erforderlich ist.

Art. 12

(1) Alle Deutschen haben das Recht, Beruf, Arbeitsplatz und Ausbildungsstätte frei zu wählen. Die Berufsausübung kann durch Gesetz oder auf Grund eines Gesetzes geregelt werden.
(2) Niemand darf zu einer bestimmten Arbeit gezwungen werden, außer im Rahmen einer herkömmlichen allgemeinen, für alle gleichen öffentlichen Dienstleistungspflicht.
(3) Zwangsarbeit ist nur bei einer gerichtlich angeordneten Freiheitsentziehung zulässig.

Art. 12a

(1) Männer können vom vollendeten achtzehnten Lebensjahr an zum Dienst in den Streitkräften, im Bundesgrenzschutz oder in einem Zivilschutzverband verpflichtet werden.
(2) Wer aus Gewissensgründen den Kriegsdienst mit der Waffe verweigert, kann zu einem Ersatzdienst verpflichtet werden. Die Dauer des Ersatzdienstes darf die Dauer des Wehrdienstes nicht übersteigen. Das Nähere regelt ein Gesetz, das die Freiheit der Gewissensentscheidung nicht beeinträchtigen darf und auch eine Möglichkeit des Ersatzdienstes vorsehen muss, die in keinem Zusammenhang mit den Verbänden der Streitkräfte und des Bundesgrenzschutzes steht.
(3) Wehrpflichtige, die nicht zu einem Dienst nach Absatz 1 oder 2 herangezogen sind, können im Verteidigungsfalle durch Gesetz oder auf Grund eines Gesetzes zu zivilen Dienstleistungen für Zwecke der Verteidigung einschließlich des Schutzes der Zivilbevölkerung in Arbeitsver-

---

14 Die Einschränkung eines Grundrechtes alleine auf der Basis einer bloßen Seuchengefahr ist mit dem rechtsstaatlichen Übermaßverbot ebenfalls nicht mehr begründbar. In einer Zeit, die menschliches Reisen schnell gemacht hat, können Seuchen prinzipiell überall drohen. Grundrechtseingriffe lassen sich nur rechtfertigen, wenn diese Drohung akut ist. In Anbetracht eines extensiveren Verständnisses von Naturkatastrophen gilt für diese dasselbe.

hältnisse verpflichtet werden; Verpflichtungen in öffentlich-rechtliche Dienstverhältnisse sind nur zur Wahrnehmung polizeilicher Aufgaben oder solcher hoheitlichen Aufgaben der öffentlichen Verwaltung, die nur in einem öffentlich-rechtlichen Dienstverhältnis erfüllt werden können, zulässig. Arbeitsverhältnisse nach Satz 1 können bei den Streitkräften, im Bereich ihrer Versorgung sowie bei der öffentlichen Verwaltung begründet werden; Verpflichtungen in Arbeitsverhältnisse im Bereiche der Versorgung der Zivilbevölkerung sind nur zulässig, um ihren lebensnotwendigen Bedarf zu decken oder ihren Schutz sicherzustellen.
(4) Kann im Verteidigungsfalle der Bedarf an zivilen Dienstleistungen im zivilen Sanitäts- und Heilwesen sowie in der ortsfesten militärischen Lazarettorganisation nicht auf freiwilliger Grundlage gedeckt werden, so können Frauen vom vollendeten achtzehnten bis zum vollendeten fünfundfünfzigsten Lebensjahr durch Gesetz oder auf Grund eines Gesetzes zu derartigen Dienstleistungen herangezogen werden. Sie dürfen auf keinen Fall zum Dienst mit der Waffe verpflichtet werden.
(5) Für die Zeit vor dem Verteidigungsfalle können Verpflichtungen nach Absatz 3 nur nach Maßgabe des Artikels 80a Abs. 1 begründet werden. Zur Vorbereitung auf Dienstleistungen nach Absatz 3, für die besondere Kenntnisse oder Fertigkeiten erforderlich sind, kann durch Gesetz oder auf Grund eines Gesetzes die Teilnahme an Ausbildungsveranstaltungen zur Pflicht gemacht werden. Satz 1 findet insoweit keine Anwendung.
(6) Kann im Verteidigungsfalle der Bedarf an Arbeitskräften für die in Absatz 3 Satz 2 genannten Bereiche auf freiwilliger Grundlage nicht gedeckt werden, so kann zur Sicherung dieses Bedarfs die Freiheit der Deutschen, die Ausübung eines Berufs oder den Arbeitsplatz aufzugeben, durch Gesetz oder auf Grund eines Gesetzes eingeschränkt werden. Vor Eintritt des Verteidigungsfalles gilt Absatz 5 Satz 1 entsprechend.

Art. 13

(1) Die Wohnung ist unverletzlich.
(2) Durchsuchungen dürfen nur durch den Richter, bei Gefahr im Verzuge auch durch die in den Gesetzen vorgesehenen anderen Organe angeordnet und nur in der dort vorgeschriebenen Form durchgeführt werden.
(3) Begründen bestimmte Tatsachen den Verdacht, dass jemand eine durch Gesetz einzeln bestimmte besonders schwere Straftat begangen hat, so dürfen zur Verfolgung der Tat auf Grund richterlicher An-

ordnung technische Mittel zur akustischen Überwachung von Wohnungen, in denen der Beschuldigte sich vermutlich aufhält, eingesetzt werden, wenn die Erforschung des Sachverhalts auf andere Weise unverhältnismäßig erschwert oder aussichtslos wäre. Die Maßnahme ist zu befristen. Die Anordnung erfolgt durch einen mit drei Richtern besetzten Spruchkörper. Bei Gefahr im Verzuge kann sie auch durch einen einzelnen Richter getroffen werden.

(4) Zur Abwehr dringender Gefahren für die öffentliche Sicherheit, insbesondere einer gemeinen Gefahr oder einer Lebensgefahr, dürfen technische Mittel zur Überwachung von Wohnungen nur auf Grund richterlicher Anordnung eingesetzt werden. Bei Gefahr im Verzuge kann die Maßnahme auch durch eine andere gesetzlich bestimmte Stelle angeordnet werden; eine richterliche Entscheidung ist unverzüglich nachzuholen.

(5) Sind technische Mittel ausschließlich zum Schutze der bei einem Einsatz in Wohnungen tätigen Personen vorgesehen, kann die Maßnahme durch eine gesetzlich bestimmte Stelle angeordnet werden. Eine anderweitige Verwertung der hierbei erlangten Erkenntnisse ist nur zum Zwecke der Strafverfolgung oder der Gefahrenabwehr und nur zulässig, wenn zuvor die Rechtmäßigkeit der Maßnahme richterlich festgestellt ist; bei Gefahr im Verzuge ist die richterliche Entscheidung unverzüglich nachzuholen.

(6) Die Bundesregierung unterrichtet den Bundestag jährlich über den nach Absatz 3 sowie über den im Zuständigkeitsbereich des Bundes nach Absatz 4 und, soweit richterlich überprüfungsbedürftig, nach Absatz 5 erfolgten Einsatz technischer Mittel. Ein vom Bundestag gewähltes Gremium übt auf der Grundlage dieses Berichts die parlamentarische Kontrolle aus. Die Länder gewährleisten eine gleichwertige parlamentarische Kontrolle. Nach Ablauf von zehn Kalenderjahren sind die gesamten Dokumentationen zu derartigen Überwachungsmaßnahmen einschränkungslos zu veröffentlichen.[15]

---

15 Sind nach einer Überwachungsmaßnahme zehn Jahre verstrichen, scheidet aus, dass die Unterrichtung der Öffentlichkeit den Maßnahmenzweck noch gefährden könnte. Die Veröffentlichung dient der retrospektiven Rechtmäßigkeitskontrolle im Interesse der Betroffenen und der Öffentlichkeit insgesamt. Steht bei der Anordnung und Durchführung einer Maßnahme für alle Beteiligten fest, dass die diskutierten Grundrechtseingriffe schlussendlich einer öffentlichen Kontrolle unterliegen werden, dient dies der unmittelbaren Qualitätssicherung auch ex ante.

(7) Eingriffe und Beschränkungen dürfen im Übrigen nur zur Abwehr einer gemeinen Gefahr oder einer Lebensgefahr für einzelne Personen, auf Grund eines Gesetzes auch zur Verhütung dringender Gefahren für die öffentliche Sicherheit und Ordnung, insbesondere zur Behebung der Raumnot, zur Bekämpfung von Seuchengefahr oder zum Schutze gefährdeter Jugendlicher vorgenommen werden.

Art. 14

(1) Jedermann hat das Recht, über sein Eigentum[16] zu Lebzeiten und von Todes[17] wegen frei zu verfügen. Durch Gesetz kann dieses Recht eingeschränkt werden, wenn dies erforderlich ist, um das Recht eines anderen zu schützen.
(2) Die Ausübung[18] des Eigentümerrechtes ist unzulässig, wenn sie nur den Zweck haben kann, einem anderen Schaden zuzufügen.

---

16 Die bisherige Ausgestaltung des Eigentumsgrundrechtes als einer bloßen Institutsgarantie, die sowohl nach ihrem Inhalt als auch nach ihren Schranken gesetzlich definiert werden kann, hat sich als nicht praktikabel erwiesen. Was nach allen Seiten offen ist, verliert leicht seine Kontur. Das private Eigentum kann seiner naturrechtlichen Funktion als materielle Grundlage einer selbstverantwortlichen Lebensgestaltung auch im Sinne des Dekaloges nur dann nachhaltig dienen, wenn es nicht Verfügungsmasse willkürlicher politischer Begehrlichkeiten und Entscheidungen ist. Sache des Gesetzgebers kann nur sein, Eigentumsrechte zu beschränken. Legitimes Ziel dieser Beschränkungen kann wiederum nur sein, konkrete Rechte anderer zu schützen.

17 Die Rechtspersönlichkeit eines Menschen endet nicht mit seiner physiologisch-biologischen Existenz. Folgerichtig wirkt auch der Respektanspruch eines Menschen rechtlich über seinen Tod hinaus. Seine Entscheidung ist, wem er das materielle Substrat seines Lebens von Todes wegen überantworten will. Das Eigentümerrecht, Eigentum zu übereignen, umfasst auch die Befugnis zur Zuordnung über den eigenen Tod hinaus. Die komplementäre Entsprechung dieses Zuordnungsrechtes ist das verfassungsrechtlich als Eigentum geschützte Recht des Bedachten, in diese Rechtsposition einzutreten.

18 Das Eigentumsrecht findet seine rechtsethische Schranke im hergebrachten und also rechtlich hinlänglich konturenscharfen, justitiablen Schikaneverbot.

(3) Eine Enteignung ist nur zum Wohle der Allgemeinheit und[19] nur dann zulässig, wenn ausgeschlossen ist, dass dieses Wohl der Allgemeinheit nicht in anderer Weise verwirklicht werden kann. Sie darf nur durch Gesetz oder auf Grund eines Gesetzes erfolgen, das Art und Ausmaß der Entschädigung regelt. Die Entschädigung ist unter gerechter Abwägung der Interessen der Allgemeinheit und der Beteiligten zu bestimmen, wobei eine Entschädigungssumme, die unterhalb[20] des Marktpreises der enteigneten Sache läge, der Annahme eines besonderen Interesses der Allgemeinheit an der Enteignung entgegensteht. Wegen der Höhe der Entschädigung steht im Streitfalle der Rechtsweg vor den ordentlichen Gerichten offen.

Art. 15

Grund und Boden, Naturschätze und Produktionsmittel können unter den Voraussetzungen[21] des Artikels 14 zum Zwecke der Vergesellschaftung durch Gesetz in Gemeineigentum oder in andere Formen der Gemeinwirtschaft überführt werden. Für die Entschädigung gilt Artikel 14 Abs. 3 Satz 3 und 4 entsprechend.

Art. 16

(1) Die deutsche Staatsangehörigkeit darf nicht entzogen werden. Der Verlust der Staatsangehörigkeit darf nur auf Grund eines Gesetzes

---

19 Zusätzliche Voraussetzungen für die Zulässigkeit einer Enteignung ist künftig, dass kein anderes Mittel zu Verfügung steht, den angestrebten Zweck des Allgemeinwohls zu erreichen. Der Eigentümer, der in der Gefahr steht, seine Eigentumssubstanz zu verlieren, hat also die Möglichkeit, hier Alternativen anzubieten. Da sein Eigentumsgrundrecht gestärkt ist, wird er im Dialog mit der Allgemeinheit facettenreiche Möglichkeiten entwickeln können, eine Entscheidung zum Besten für alle Beteiligten zu finden.

20 Veräußert ein Eigentümer einen Gegenstand unter gewöhnlichen Umständen, so wird er einen allgemeinen Marktpreis erzielen können. Besteht hingegen ein Interesse der Allgemeinheit, ihn zu enteignen, so zeigt sich in diesem außergewöhnlichen Interesse der Allgemeinheit die besondere Knappheit seines Eigentumsgutes. Diese muss sich in dem Entschädigungsbetrag widerspiegeln.

21 Die Sozialisation von Gütern bleibt auch künftig, nach Maßgabe des allgemeinen Enteignungsrechtes, möglich.

und gegen den Willen des Betroffenen nur dann eintreten, wenn der Betroffene dadurch nicht staatenlos wird.
(2) Kein Deutscher darf an das Ausland ausgeliefert werden. Durch Gesetz kann eine abweichende Regelung für Auslieferungen an einen Mitgliedstaat der Europäischen Union oder an einen internationalen Gerichtshof getroffen werden, soweit rechtsstaatliche Grundsätze[22], die denen des Grundgesetzes entsprechen, gewahrt sind.

Art. 16a

(1) Politisch Verfolgte genießen Asylrecht.
(2) Auf Absatz 1 kann sich nicht berufen, wer aus einem Mitgliedstaat der Europäischen Gemeinschaften oder aus einem anderen Drittstaat einreist, in dem die Anwendung des Abkommens über die Rechtsstellung der Flüchtlinge und der Konvention zum Schutze der Menschenrechte und Grundfreiheiten sichergestellt ist. Die Staaten außerhalb der Europäischen Gemeinschaften, auf die die Voraussetzungen des Satzes 1 zutreffen, werden durch Gesetz, das der Zustimmung des Bundesrates bedarf, bestimmt. In den Fällen des Satzes 1 können aufenthaltsbeendende Maßnahmen unabhängig von einem hiergegen eingelegten Rechtsbehelf vollzogen werden.
(3) Durch Gesetz, das der Zustimmung des Bundesrates bedarf, können Staaten bestimmt werden, bei denen auf Grund der Rechtslage, der Rechtsanwendung und der allgemeinen politischen Verhältnisse gewährleistet erscheint, dass dort weder politische Verfolgung noch unmenschliche oder erniedrigende Bestrafung oder Behandlung stattfindet. Es wird vermutet, dass ein Ausländer aus einem solchen Staat nicht verfolgt wird, solange er nicht Tatsachen vorträgt, die die Annahme begründen, dass er entgegen dieser Vermutung politisch verfolgt wird.
(4) Die Vollziehung aufenthaltsbeendender Maßnahmen wird in den Fällen des Absatzes 3 und in anderen Fällen, die offensichtlich unbegründet sind oder als offensichtlich unbegründet gelten, durch das Gericht nur ausgesetzt, wenn ernstliche Zweifel an der Rechtmäßigkeit der Maßnahme bestehen; der Prüfungsumfang kann eingeschränkt werden und verspätetes Vorbringen unberücksichtigt bleiben. Das Nähere ist durch Gesetz zu bestimmen.

---

22 Die rechtsstaatlichen Garantien des Grundgesetzes dürfen nicht unterschritten werden.

(5) Die Absätze 1 bis 4 stehen völkerrechtlichen Verträgen von Mitgliedstaaten der Europäischen Gemeinschaften untereinander und mit dritten Staaten nicht entgegen, die unter Beachtung der Verpflichtungen aus dem Abkommen über die Rechtsstellung der Flüchtlinge und der Konvention zum Schutze der Menschenrechte und Grundfreiheiten, deren Anwendung in den Vertragsstaaten sichergestellt sein muss, Zuständigkeitsregelungen für die Prüfung von Asylbegehren einschließlich der gegenseitigen Anerkennung von Asylentscheidungen treffen.

Art. 17

Jedermann hat das Recht, sich einzeln oder in Gemeinschaft mit anderen schriftlich mit Bitten oder Beschwerden an die zuständigen Stellen und an die Volksvertretung zu wenden.

Art. 17a

(1) Gesetze über Wehrdienst und Ersatzdienst können bestimmen, dass für die Angehörigen der Streitkräfte und des Ersatzdienstes während der Zeit des Wehr- oder Ersatzdienstes das Grundrecht, seine Meinung in Wort, Schrift und Bild frei zu äußern und zu verbreiten (Artikel 5 Abs. 1 Satz 1 erster Halbsatz), das Grundrecht der Versammlungsfreiheit (Artikel 8) und das Petitionsrecht (Artikel 17), soweit es das Recht gewährt, Bitten oder Beschwerden in Gemeinschaft mit anderen vorzubringen, eingeschränkt werden.
(2) Gesetze, die der Verteidigung einschließlich des Schutzes der Zivilbevölkerung dienen, können bestimmen, dass die Grundrechte der Freizügigkeit (Artikel 11) und der Unverletzlichkeit der Wohnung (Artikel 13) eingeschränkt werden.

Art. 18

Wer die Freiheit der Meinungsäußerung, insbesondere die Pressefreiheit (Artikel 5 Abs. 1), die Lehrfreiheit (Artikel 5 Abs. 3), die Versammlungsfreiheit (Artikel 8), die Vereinigungsfreiheit (Artikel 9), das Brief-, Post- und Fernmeldegeheimnis (Artikel 10), das Eigentum (Artikel 14) oder das Asylrecht (Artikel 16a) zum Kampfe gegen die freiheitliche demokratische Grundordnung missbraucht, verwirkt diese Grundrechte. Die Verwirkung und ihr Ausmaß werden durch das Bundesverfassungsgericht ausgesprochen.

Art. 19

(1) Soweit nach diesem Grundgesetz ein Grundrecht durch Gesetz oder auf Grund eines Gesetzes eingeschränkt werden kann, muss das Gesetz allgemein und nicht nur für den Einzelfall gelten. Außerdem muss das Gesetz das Grundrecht unter Angabe des Artikels nennen.
(2) In keinem Falle darf ein Grundrecht in seinem Wesensgehalt angetastet werden. Der Wesensgehalt eines Grundrechtes ist unwiderleglich als in diesem Sinne angetastet[23] zu betrachten, wenn mehr als die Hälfte aller Grundrechtsträger über einen nicht ganz unerheblichen Zeitraum von der Wahrnehmung dieses Grundrechtes ausgeschlossen oder an seiner Wahrnehmung gehindert werden.
(3) Die Grundrechte gelten auch für inländische juristische Personen, soweit sie ihrem Wesen nach auf diese anwendbar sind.
(4) Wird jemand durch die öffentliche Gewalt in seinen Rechten verletzt, so steht ihm der Rechtsweg offen. Soweit eine andere Zuständigkeit nicht begründet ist, ist der ordentliche Rechtsweg gegeben. Artikel 10 Abs. 2 Satz 2 bleibt unberührt.

II.
Der Bund und die Länder

Art. 20

(1) Die Bundesrepublik Deutschland ist ein demokratischer und auch[24] sozialer Bundesstaat.
(2) Alle Staatsgewalt geht vom Volke aus. Sie wird vom Volke in Wahlen und durch besondere Organe der Gesetzgebung, der vollziehenden Gewalt und der Rechtsprechung ausgeübt. Allen Wahlberechtigten ist durch Bundesgesetz mit Wirkung spätestens ab dem 1. Januar 2030 die Möglichkeit zu schaffen, über jedweden Gegenstand der Bundes- oder Landesgesetzgebung durch allgemeine, unmittelbare, freie,

---

23 Höhlt der Gesetzgeber ein Grundrecht offensichtlich übermäßig aus, entfaltet das Beschränkungsgesetz keine Rechtswirkung.

24 Mit dem Zusatz, »auch« ein sozialer Staat zu sein, wird klargestellt, dass das Sozialstaatsprinzip das Rechtsstaatsprinzip des Bundesstaates nicht als vorrangig verdrängen kann. Ein Rechtsstaat ist denkbar, der nicht auch sozialer Staat ist; ein sozialer Staat, der nicht auch Rechtsstaat ist, kann indes keinen dauerhaften Bestand haben.

gleiche und geheime Abstimmung selbst zu entscheiden; direktdemokratische Abstimmungsergebnisse genießen Vorrang vor parlamentarischen Entscheidungen[25].
(3) Die Gesetzgebung ist an die verfassungsmäßige Ordnung, die vollziehende Gewalt und die Rechtsprechung sind an Gesetz und Recht gebunden.
(4) Gegen jeden, der es unternimmt, diese Ordnung zu beseitigen, hat jeder Deutsche das Recht zum Widerstand, wenn aus allen Erkenntnisquellen, die einem besonnenen Staatsbürger in seiner Lage vernünftigerweise verfügbar sind, anderweitige Abhilfe nicht mehr möglich erscheint[26].
(5) Wer Daten, über die er verfügungsbefugt ist, verunklart, verdunkelt oder in sonstiger Weise vor dem Zugriff Dritter verbirgt, handelt nicht rechtswidrig, sofern er deren Schutz nicht anderweitig sicher gewährleisten kann und er nicht ausdrücklich durch Gesetz oder bindende eigene Einwilligung zur Duldung ihrer Offenlegung verpflichtet ist[27].

Art. 20a

Der Staat schützt neben allen sächlichen und organisatorischen Infrastrukturen[28], derer es zur Aufrechterhaltung einer kulturell angemessenen, gesellschaftlichen Daseinsvorsorge bedarf, auch in Verantwortung für die künftigen Generationen die natürlichen Le-

---

25 Der demokratische Souverän soll Sachentscheidungen an sich selbst ziehen können; wo die Vertretenen entschieden haben, ist für Entscheidungen von Vertretern für die Vertretenen kein Raum mehr.

26 Maßgeblich für die Zubilligung des eine Handlung rechtfertigenden Widerstandsrechtes ist nicht lediglich das objektive Vorliegen einer bestehenden Widerstandslage, die einzelne faktisch nie verlässlich erkennen oder beurteilen können, sondern das dem subjektiven Erkenntnishorizont zugängliche Vorliegen einer Lage, die – ihr tatsächliches Bestehen unterstellt – eine Widerstandshandlung objektiv rechtfertigen würde.

27 Auch der beste Datenschutz durch Abschirmung vertraulicher Informationen stößt unvermeidlich an technische Grenzen, was eine verfassungsrechtliche Gestattung individueller Verdunkelung persönlicher und geschäftlicher Datenbestände durch Berechtigte im Sinne eines Notwehrrechtes legitimiert.

28 Die Pflicht des Staates, natürliche Lebensgrundlagen zu erhalten, darf seine gleichzeitige Pflicht zur Aufrechterhaltung aller für ein kulturell adäquates menschliches Leben notwendigen Infrastrukturen nicht überwiegen; Renaturierungen, die technische Vorhaltungen im modernen Staat als verlässliche Grundlage menschlicher Lebensräume gefährden könnten, sind unerlaubt.

bensgrundlagen und die Tiere im Rahmen der verfassungsmäßigen Ordnung durch die Gesetzgebung und nach Maßgabe von Gesetz und Recht durch die vollziehende Gewalt und die Rechtsprechung.

Art. 21

(1) Die Parteien wirken bei der politischen Willensbildung des Volkes mit. Ihre Gründung ist frei. Ihre innere Ordnung und ihr gesamtes Handeln im politischen Wettbewerb mit anderen nicht verbotenen Parteien müssen[29] demokratischen Grundsätzen entsprechen. Sie müssen über die Herkunft und Verwendung ihrer Mittel sowie über ihr Vermögen öffentlich Rechenschaft geben. Juristische Personen, die im Eigentum oder Miteigentum einer Partei stehen, haben dies in einem klarstellenden Namenszusatz anzugeben[30]. Das parteiinterne Aufstellen von Kandidatenlisten zu Wahlen ist unzulässig[31].
(2) Parteien, die nach ihren Zielen oder nach dem Verhalten ihrer Anhänger darauf ausgehen, die freiheitliche demokratische Grundordnung zu beeinträchtigen oder zu beseitigen oder den Bestand der Bundesrepublik Deutschland zu gefährden, sind verfassungswidrig.
(3) Parteien, die nach ihren Zielen oder dem Verhalten ihrer Anhänger darauf ausgerichtet sind, die freiheitliche demokratische Grundordnung zu beeinträchtigen oder zu beseitigen oder den Bestand der Bundesrepublik Deutschland zu gefährden, sind von staatlicher Finanzierung ausgeschlossen. Wird der Ausschluss festgestellt, so entfällt auch eine steuerliche Begünstigung dieser Parteien und von Zuwendungen an diese Parteien.
(4) Über die Frage der Verfassungswidrigkeit nach Absatz 2 sowie über den Ausschluss von staatlicher Finanzierung nach Absatz 3 entscheidet das Bundesverfassungsgericht.
(5) Das Nähere regeln Bundesgesetze.

---

29 Die Einhaltung elementarer demokratischer Wettbewerbsregeln ist ein Erfordernis nicht nur für die innere Struktur von Parteien, sondern – als Grundregel des Fair Play im politischen Willensbildungsprozess – auch für den Umgang der Parteien miteinander.

30 Wer im Rechtsverkehr mit juristischen Personen handelt, hat ein Anrecht darauf, offengelegt zu erhalten, ob und inwieweit diese juristische Person direkt oder indirekt einer politischen Steuerung unterliegt.

31 Es ist kein überzeugender Grund dafür ersichtlich, dass Parteien die personelle Auswahl von Kandidaten durch rein internen Organisationsakt am Souverän vorbei vorherbestimmen.

Art. 22

(1) Die Hauptstadt der Bundesrepublik Deutschland ist Berlin. Die Repräsentation des Gesamtstaates in der Hauptstadt ist Aufgabe des Bundes. Das Nähere wird durch Bundesgesetz geregelt.
(2) Die Bundesflagge ist schwarz-rot-gold.

Art. 23

(1) Zur Verwirklichung eines einträchtigen[32] Europas wirkt die Bundesrepublik Deutschland bei der Entwicklung der Europäischen Union mit, die demokratischen, rechtsstaatlichen, sozialen und föderativen Grundsätzen und dem Grundsatz der Subsidiarität verpflichtet ist und einen diesem Grundgesetz im wesentlichen vergleichbaren Grundrechtsschutz gewährleistet. Der Bund kann hierzu durch Gesetz mit Zustimmung des Bundesrates Hoheitsrechte übertragen. Für die Begründung der Europäischen Union sowie für Änderungen ihrer vertraglichen Grundlagen und vergleichbare Regelungen, durch die dieses Grundgesetz seinem Inhalt nach geändert oder ergänzt wird oder solche Änderungen oder Ergänzungen ermöglicht werden, gilt Artikel 79 Abs. 2 und 3.
(1a) Der Bundestag und der Bundesrat haben das Recht und die Pflicht[33], wegen Verstoßes eines Gesetzgebungsakts der Europäischen Union gegen das Subsidiaritätsprinzip vor dem Gerichtshof der Europäischen Union Klage zu erheben. Der Bundestag ist hierzu auf Antrag eines Viertels seiner Mitglieder verpflichtet, wobei die nach Absatz 1 und Satz 2 übertragenen Hoheitsrechte mit Bestandskraft dieses Beschlussantrages unmittelbar solange an die Bundesrepublik Deutschland zurückfallen, bis sie der Europäischen Union nach Beendigung dieses Klageverfahrens in dem hierfür vorgesehenen Verfah-

---

32 Durch den Paradigmenwechsel von einem »vereinten« zu einem »einträchtigen« Europa wird dem politischen Diskurs zu der Frage, welche Einigungs- oder Vereinigungsintensität die zutreffende für ein Kooperieren der Staaten Europas sei, Schärfe genommen. Ein Zusammenwachsen kann zwangloser dort gelingen, wo auf ein fiktives Einigkeitsdogma als verbindlicher Zielvorstellung verzichtet ist.

33 Der Verstoß der Europäischen Union gegen das verfassungsrechtliche Subsidiaritätsprinzip (Art. 23 Abs. 1 Satz 1) gibt Bundestag und Bundesrat nicht nur das Recht, diesen Verstoß klageweise abzuwehren, sondern es besteht für sie die Pflicht, ihn zu monieren.

ren erneut übertragen werden[34]. Durch Gesetz, das der Zustimmung des Bundesrates bedarf, können für die Wahrnehmung der Rechte, die dem Bundestag und dem Bundesrat in den vertraglichen Grundlagen der Europäischen Union eingeräumt sind, Ausnahmen von Artikel 42 Abs. 2 Satz 1 und Artikel 52 Abs. 3 Satz 1 zugelassen werden.
(2) In Angelegenheiten der Europäischen Union wirken der Bundestag und durch den Bundesrat die Länder mit. Die Bundesregierung hat den Bundestag und den Bundesrat umfassend und zum frühestmöglichen Zeitpunkt zu unterrichten.
(3) Die Bundesregierung gibt dem Bundestag hinreichende[35] Gelegenheit zur Stellungnahme vor ihrer Mitwirkung an Rechtsetzungsakten der Europäischen Union. Die Bundesregierung berücksichtigt die Stellungnahmen des Bundestages bei den Verhandlungen. Das Nähere regelt ein Gesetz.
(4) Der Bundesrat ist an der Willensbildung des Bundes zu hinreichend[36] beteiligen, soweit er an einer entsprechenden innerstaatlichen Maßnahme mitzuwirken hätte oder soweit die Länder innerstaatlich zuständig wären.
(5) Soweit in einem Bereich ausschließlicher Zuständigkeiten des Bundes Interessen der Länder berührt sind oder soweit im Übrigen der Bund das Recht zur Gesetzgebung hat, berücksichtigt die Bundesregierung die Stellungnahme des Bundesrates. Wenn im Schwerpunkt Gesetzgebungsbefugnisse der Länder, die Einrichtung ihrer Behörden oder ihre Verwaltungsverfahren betroffen sind, ist bei der Willensbildung des Bundes insoweit die Auffassung des Bundesrates maßgeblich zu berücksichtigen; dabei ist die gesamtstaatliche Verantwortung des Bundes zu wahren. In Angelegenheiten, die zu Ausgabenerhöhungen oder Einnahmeminderungen für den Bund führen können, ist die Zustimmung der Bundesregierung erforderlich.

---

34 Ist zweifelhaft, ob sich ein Akt der Europäischen Union in dem ihr durch das Subsidiaritätsprinzip gesetzten Rahmen hält, bleibt es bei der – nötigenfalls wiederauflebenden – mitgliedstaatlichen Zuständigkeit der Bundesrepublik Deutschland, bis der Zweifel behoben ist.

35 Die Gelegenheit zur Stellungnahme ist nur dann hinreichend, wenn die Stellungnahme ihrerseits auf angemessener eigener Prüfung und Urteilsbildung beruhen kann. Bleibt nicht ausreichend Zeit für ein sachangemessenes Verstehen, Erörtern und Abwägen vor Abgabe einer Stellungnahme, gilt diese als nicht eingeholt.

36 Hier gilt das zu Absatz 3 Gesagte entsprechend.

(6) Wenn im Schwerpunkt ausschließliche Gesetzgebungsbefugnisse der Länder auf den Gebieten der schulischen Bildung, der Kultur oder des Rundfunks betroffen sind, wird die Wahrnehmung der Rechte, die der Bundesrepublik Deutschland als Mitgliedstaat der Europäischen Union zustehen, vom Bund auf einen vom Bundesrat benannten Vertreter der Länder übertragen. Die Wahrnehmung der Rechte erfolgt unter Beteiligung und in Abstimmung mit der Bundesregierung; dabei ist die gesamtstaatliche Verantwortung des Bundes zu wahren.
(7) Das Nähere zu den Absätzen 4 bis 6 regelt ein Gesetz, das der Zustimmung des Bundesrates bedarf.

Art. 24

(1) Der Bund kann durch Gesetz Hoheitsrechte auf zwischenstaatliche Einrichtungen übertragen. Die Übertragung solcher Hoheitsrechte darf sich nicht zu Lasten der Rechte nichtstaatlicher Dritter auswirken[37].
(1a) Soweit die Länder für die Ausübung der staatlichen Befugnisse und die Erfüllung der staatlichen Aufgaben zuständig sind, können sie mit Zustimmung der Bundesregierung Hoheitsrechte auf grenznachbarschaftliche Einrichtungen übertragen.
(2) Der Bund kann sich zur Wahrung des Friedens einem System gegenseitiger kollektiver Sicherheit einordnen; er wird hierbei in die Beschränkungen seiner Hoheitsrechte einwilligen, die eine friedliche und dauerhafte Ordnung in Europa und zwischen den Völkern der Welt herbeiführen und sichern.
(3) Zur Regelung zwischenstaatlicher Streitigkeiten wird der Bund Vereinbarungen über eine allgemeine, umfassende, obligatorische, internationale Schiedsgerichtsbarkeit beitreten. Der Beitritt zu einer solchen Schiedsgerichtsbarkeit darf sich nicht zu Lasten der Rechte nichtstaatlicher Dritter auswirken[38].

---

37 Die Ergänzung in Satz 2 stellt klar, dass es keine Hoheitsrechtübertragung geben kann, in deren Folge Menschen- oder Bürgerrechtsgarantien der Verfassung Einschränkungen erleiden oder erleiden könnten. Das gewährte Rechtsschutzniveau muss gewahrt bleiben.

38 Das bestehende Rechtsschutzniveau der Verfassung darf nicht durch Auslagerungen von Gerichtsbarkeiten beeinträchtigt werden.

Art. 25

Die allgemeinen Regeln des Völkerrechtes sind Bestandteil des Bundesrechtes. Sie gehen den Gesetzen vor und erzeugen Rechte und Pflichten unmittelbar für die Bewohner des Bundesgebietes. Eine Regel des Völkerrechtes, die Bewohnern des Bundesgebietes grundgesetzwidrige Pflichten auferlegt, ist unwirksam[39].

Art. 26

(1) Handlungen, die geeignet sind und in der Absicht vorgenommen werden, das friedliche Zusammenleben der Völker zu stören, insbesondere die Führung eines Angriffskrieges vorzubereiten, sind verfassungswidrig. Sie sind unter Strafe zu stellen.

(2) Zur Kriegführung bestimmte Waffen dürfen nur mit Genehmigung der Bundesregierung hergestellt, befördert und in Verkehr gebracht werden. Das Nähere regelt ein Bundesgesetz.

Art. 27

Alle deutschen Kauffahrteischiffe bilden eine einheitliche Handelsflotte.

Art. 28

(1) Die verfassungsmäßige Ordnung in den Ländern muss den Grundsätzen des republikanischen, demokratischen und sozialen Rechtsstaates im Sinne dieses Grundgesetzes entsprechen. In den Ländern, Kreisen und Gemeinden muss das Volk eine Vertretung haben, die aus allgemeinen, unmittelbaren, freien, gleichen und geheimen Wahlen hervorgegangen ist. Bei Wahlen in Kreisen und Gemeinden sind auch Personen, die die Staatsangehörigkeit eines Mitgliedstaates der Europäischen Gemeinschaft besitzen, nach Maßgabe von Recht der Europäischen Gemeinschaft wahlberechtigt und wählbar. In Gemeinden kann an die Stelle einer gewählten Körperschaft die Gemeindeversammlung treten.

---

39 Der verfassungsrechtliche Schutz des Einzelnen umfasst innerhalb des Bundesgebietes auch den Schutz vor völkerrechtlichen Verpflichtungen, die – wären sie als Normen des nationalen Rechtes erlassen – grundgesetzlich nicht gerechtfertigt werden könnten.

(2) Den Gemeinden muss das Recht gewährleistet sein, alle Angelegenheiten der örtlichen Gemeinschaft im Rahmen der Gesetze in eigener Verantwortung zu regeln. Auch die Gemeindeverbände haben im Rahmen ihres gesetzlichen Aufgabenbereiches nach Maßgabe der Gesetze das Recht der Selbstverwaltung. Die Gewährleistung der Selbstverwaltung umfasst auch die Grundlagen der finanziellen Eigenverantwortung; zu diesen Grundlagen gehört eine den Gemeinden mit Hebesatzrecht zustehende wirtschaftskraftbezogene Steuerquelle.
(3) Der Bund gewährleistet, dass die verfassungsmäßige Ordnung der Länder den Grundrechten und den Bestimmungen der Absätze 1 und 2 entspricht. Jede Gemeinde hat im Rahmen ihrer Selbstverwaltung das Recht, ihr Wahlvolk darüber abstimmen zu lassen, die eigene landesgesetzliche Zugehörigkeit zu einem Bundesland zu beenden und an ihre Stelle die rechtliche Zugehörigkeit zu einem anderen Bundesland zu beschließen[40].

Art. 29

(1) Das Bundesgebiet kann neu gegliedert werden. Jedem Bundesland steht frei, nach eigenem Landesverfassungsrecht Regeln über seinen Austritt aus dem Bundesstaat zu erlassen[41].
(2) Maßnahmen zur Neugliederung des Bundesgebietes ergehen durch Volksentscheid[42]. Das Ergebnis des Volksentscheides ist durch Bundesgesetz zu bestätigen.

---

40 Mit der Schaffung eines kommunalen Sezessionsrechtes in Artikel 28 Abs. 3 wird jeder Gemeinde die Möglichkeit geschaffen, die eigene Zugehörigkeit zu einem Bundesland der eigenen Wahl zu bestimmen. Dies stärkt absehbar nicht nur das Bewusstsein für die eigenen gemeindlichen Verantwortungsbereiche, sondern initiiert Impulse für eine neue Art des Qualitätswettbewerbes auch zwischen den Bundesländern. Die Abstimmung innerhalb einer Gemeinde ist eine Abstimmung, wie sie Artikel 20 für möglich erklärt.

41 Jedes Bundesland entscheidet nach eigenem Landesrecht, ob es Teil der Bundesrepublik Deutschland sein und bleiben möchte.

42 Künftig geht der Volksentscheid dem Bundesgesetz vor. Das Bundesgesetz hat das Ergebnis des Volkswillens lediglich deklaratorisch in Gesetzesform zu fassen. Da das Volk entscheidet, fließen alle Erwägungen in dessen Entscheidung ein, nicht lediglich die bislang genannten Einzelkriterien.

(3) Der Volksentscheid findet in den Ländern statt, aus deren Gebieten oder Gebietsteilen ein neues oder neu umgrenztes Land gebildet werden soll (betroffene Länder). Abzustimmen ist über die Frage, ob die betroffenen Länder wie bisher bestehenbleiben sollen oder ob das neue oder neu umgrenzte Land gebildet werden soll. Der Volksentscheid für die Bildung eines neuen oder neu umgrenzten Landes kommt zustande, wenn in dessen künftigem Gebiet und insgesamt in den Gebieten oder Gebietsteilen eines betroffenen Landes, deren Landeszugehörigkeit im gleichen Sinne geändert werden soll, jeweils eine Mehrheit der Änderung zustimmt. Er kommt nicht zustande, wenn im Gebiet eines der betroffenen Länder eine Mehrheit die Änderung ablehnt; die Ablehnung ist jedoch unbeachtlich, wenn in einem Gebietsteil, dessen Zugehörigkeit zu dem betroffenen Land geändert werden soll, eine Mehrheit von zwei Dritteln der Änderung zustimmt, es sei denn, dass im Gesamtgebiet des betroffenen Landes eine Mehrheit von zwei Dritteln die Änderung ablehnt.
(4) Wird in einem zusammenhängenden, abgegrenzten Siedlungs- und Wirtschaftsraum, dessen Teile in mehreren Ländern liegen und der mindestens eine Million Einwohner hat, von einem Zehntel der in ihm zum Bundestag Wahlberechtigten durch Volksbegehren gefordert, dass für diesen Raum eine einheitliche Landeszugehörigkeit herbeigeführt werde, so ist durch Bundesgesetz innerhalb von zwei Jahren entweder zu bestimmen, ob die Landeszugehörigkeit gemäß Absatz 2 geändert wird, oder dass in den betroffenen Ländern eine Volksbefragung stattfindet.
(5) Die Volksbefragung ist darauf gerichtet festzustellen, ob eine in dem Gesetz vorzuschlagende Änderung der Landeszugehörigkeit Zustimmung findet. Das Gesetz kann verschiedene, jedoch nicht mehr als zwei Vorschläge der Volksbefragung vorlegen. Stimmt eine Mehrheit einer vorgeschlagenen Änderung der Landeszugehörigkeit zu, so ist durch Bundesgesetz innerhalb von zwei Jahren zu bestimmen, ob die Landeszugehörigkeit gemäß Absatz 2 geändert wird. Findet ein der Volksbefragung vorgelegter Vorschlag eine den Maßgaben des Absatzes 3 Satz 3 und 4 entsprechende Zustimmung, so ist innerhalb von zwei Jahren nach der Durchführung der Volksbefragung ein Bundesgesetz zur Bildung des vorgeschlagenen Landes zu erlassen, das der Bestätigung durch Volksentscheid nicht mehr bedarf.
(6) Mehrheit im Volksentscheid und in der Volksbefragung ist die Mehrheit der abgegebenen Stimmen, wenn sie mindestens ein Vier-

tel der zum Bundestag Wahlberechtigten umfasst. Im Übrigen wird das Nähere über Volksentscheid, Volksbegehren und Volksbefragung durch ein Bundesgesetz geregelt; dieses kann auch vorsehen, dass Volksbegehren innerhalb eines Zeitraumes von fünf Jahren nicht wiederholt werden können.

(7) Sonstige Änderungen des Gebietsbestandes der Länder können durch Staatsverträge der beteiligten Länder oder durch Bundesgesetz mit Zustimmung des Bundesrates erfolgen, wenn das Gebiet, dessen Landeszugehörigkeit geändert werden soll, nicht mehr als 50.000 Einwohner hat. Das Nähere regelt ein Bundesgesetz, das der Zustimmung des Bundesrates und der Mehrheit der Mitglieder des Bundestages bedarf. Es muss die Anhörung der betroffenen Gemeinden und Kreise vorsehen.

(8) Die Länder können eine Neugliederung für das jeweils von ihnen umfasste Gebiet oder für Teilgebiete abweichend von den Vorschriften der Absätze 2 bis 7 durch Staatsvertrag regeln. Die betroffenen Gemeinden und Kreise sind zu hören. Der Staatsvertrag bedarf der Bestätigung durch Volksentscheid in jedem beteiligten Land. Betrifft der Staatsvertrag Teilgebiete der Länder, kann die Bestätigung auf Volksentscheide in diesen Teilgebieten beschränkt werden; Satz 5 zweiter Halbsatz findet keine Anwendung. Bei einem Volksentscheid entscheidet die Mehrheit der abgegebenen Stimmen, wenn sie mindestens ein Viertel der zum Bundestag Wahlberechtigten umfasst; das Nähere regelt ein Bundesgesetz. Der Staatsvertrag bedarf der Zustimmung des Bundestages.

Art. 30

Die Ausübung der staatlichen Befugnisse und die Erfüllung der staatlichen Aufgaben ist Sache der Länder, soweit dieses Grundgesetz keine andere Regelung trifft oder zulässt.

Art. 31

Bundesrecht bricht Landesrecht.

Art. 32

(1) Die Pflege der Beziehungen zu auswärtigen Staaten ist Sache des Bundes.

(2) Vor dem Abschluss eines Vertrages, der die besonderen Verhältnisse eines Landes berührt, ist das Land rechtzeitig zu hören.
(3) Soweit die Länder für die Gesetzgebung zuständig sind, können sie mit Zustimmung der Bundesregierung mit auswärtigen Staaten Verträge abschließen.

Art. 33

(1) Jeder Deutsche hat in jedem Lande die gleichen staatsbürgerlichen Rechte und Pflichten.
(2) Jeder Deutsche hat nach seiner Eignung, Befähigung und fachlichen Leistung gleichen Zugang zu jedem öffentlichen Amte. Abgeordnete des Bundes und der Länder sowie Mitglieder der Bundes- oder Landesregierungen sind für eine Frist, die dem Doppelten der Dauer ihrer dortigen Tätigkeit seit deren Aufnahme entspricht, von jedem öffentlichen Amt ausgeschlossen[43].
(3) Der Genuss bürgerlicher und staatsbürgerlicher Rechte, die Zulassung zu öffentlichen Ämtern sowie die im öffentlichen Dienste erworbenen Rechte sind unabhängig von dem religiösen Bekenntnis. Niemandem darf aus seiner Zugehörigkeit oder Nichtzugehörigkeit zu einem Bekenntnisse oder einer Weltanschauung ein Nachteil erwachsen; das Bekenntnis oder die Weltanschauung des Amtsträgers darf einer jederzeit neutralen Amtsführung, insbesondere auch im Hinblick auf die Zugehörigkeit oder Nichtzugehörigkeit der an Amtsvorgängen Beteiligten zu einem Bekenntnis oder einer Weltanschauung ihrerseits, nicht entgegenstehen[44].
(4) Die Ausübung hoheitsrechtlicher Befugnisse ist als ständige Aufgabe in der Regel Angehörigen des öffentlichen Dienstes zu übertragen, die in einem öffentlich-rechtlichen Dienst- und Treueverhältnis stehen.

---

43 Der demokratische Dienst, den Abgeordnete und Regierungsmitglieder versehen, hat sich am Interesse der Allgemeinheit zu orientieren; die phasenübergreifende Inkompatibilität von solchem demokratischen Dienst und eigenem öffentlichem Amt für die Frist der Dauer einer Dienstzeit auch nach deren Ende trennt persönliche und öffentliche Interessen im Sinne einer eigenen Gewaltenteilung auf individueller Ebene.

44 Da jedermann das Recht hat, diskriminierungsfrei an der Ausübung öffentlicher Tätigkeiten beteiligt zu werden, ist der Betreffende umgekehrt auch verpflichtet, seine Amtsführung entsprechend diskriminierungsfrei zu gestalten.

(5) Das Recht des öffentlichen Dienstes ist unter Berücksichtigung der hergebrachten Grundsätze des Berufsbeamtentums zu regeln und fortzuentwickeln.

Art. 34

Verletzt jemand in Ausübung eines ihm anvertrauten öffentlichen Amtes eine[45] ihm Dritten[46] gegenüber obliegende Amtspflicht, so trifft die Verantwortlichkeit grundsätzlich den Staat oder die Körperschaft, in deren Dienst er steht. Bei Vorsatz oder grober Fahrlässigkeit soll ein Rückgriff auf den Verantwortlichen erfolgen[47]. Für den Anspruch auf Schadensersatz und für den Rückgriff darf der ordentliche Rechtsweg nicht ausgeschlossen werden.

Art. 35

(1) Alle Behörden des Bundes und der Länder leisten sich gegenseitig Rechts- und Amtshilfe.
(2) Zur Aufrechterhaltung oder Wiederherstellung der öffentlichen Sicherheit oder Ordnung kann ein Land in Fällen von besonderer Bedeutung Kräfte und Einrichtungen des Bundesgrenzschutzes zur Unterstützung seiner Polizei anfordern, wenn die Polizei ohne diese Unterstützung eine Aufgabe nicht oder nur unter erheblichen Schwierigkeiten erfüllen könnte. Zur Hilfe bei einer Naturkatastrophe oder bei einem besonders schweren Unglücksfall kann ein Land Polizeikräfte anderer Länder, Kräfte und Einrichtungen anderer Verwaltungen sowie des Bundesgrenzschutzes und der Streitkräfte anfordern.
(3) Gefährdet die Naturkatastrophe oder der Unglücksfall das Gebiet mehr als eines Landes, so kann die Bundesregierung, soweit es zur

45 Was genau die Amtspflicht eines Amtsträgers ist, kann in Anbetracht der Vielgestaltigkeit von Amtspflichten in einem modernen Staat nicht abschließend im Vorhinein definiert werden. Deswegen verbietet sich, an dieser Stelle einen bestimmten Artikel (»die«) zu verwenden.

46 Amtspflichten können nicht nur »einem« Dritten gegenüber bestehen, sondern auch einer Vielzahl von Dritten gegenüber; die Klarstellung, dass auch eine Mehr- oder Vielzahl von Dritten durch die Norm geschützt ist, stärkt die Verantwortung der Amtsträger.

47 Hat der Staat für die mangelhafte Arbeit eines seiner Bediensteten haftungsrechtlich einzustehen, so soll der Fiskus von der Möglichkeit, bei dem Bediensteten Rückgriff nehmen zu können, regelmäßig Gebrauch machen.

wirksamen Bekämpfung erforderlich ist, den Landesregierungen die Weisung erteilen, Polizeikräfte anderen Ländern zur Verfügung zu stellen, sowie Einheiten des Bundesgrenzschutzes und der Streitkräfte zur Unterstützung der Polizeikräfte einsetzen. Maßnahmen der Bundesregierung nach Satz 1 sind jederzeit auf Verlangen des Bundesrates, im Übrigen unverzüglich nach Beseitigung der Gefahr aufzuheben.

Art. 36

(1) Bei den obersten Bundesbehörden sind Beamte aus allen Ländern in angemessenem Verhältnis zu verwenden. Die bei den übrigen Bundesbehörden beschäftigten Personen sollen in der Regel aus dem Lande genommen werden, in dem sie tätig sind.
(2) Die Wehrgesetze haben auch die Gliederung des Bundes in Länder und ihre besonderen landsmannschaftlichen Verhältnisse zu berücksichtigen.

Art. 37

(1) Wenn ein Land die ihm nach dem Grundgesetze oder einem anderen Bundesgesetze obliegenden Bundespflichten nicht erfüllt, kann die Bundesregierung mit Zustimmung des Bundesrates die notwendigen Maßnahmen treffen, um das Land im Wege des Bundeszwanges zur Erfüllung seiner Pflichten anzuhalten.
(2) Zur Durchführung des Bundeszwanges hat die Bundesregierung oder ihr Beauftragter das Weisungsrecht gegenüber allen Ländern und ihren Behörden.
(3) Sämtliche Entscheidungen nach Artikel 29 dieser Verfassung haben unbedingten Vorrang vor Maßnahmen nach diesem Artikel.[48]

48 Eine Neuordnung der Bundesländer oder ein Austritt aus dem Bund können nicht durch Bundesmaßnahmen nach Artikel 37 GG verhindert werden.

III.
Der Bundestag

Art. 38

(1) Die Abgeordneten des Deutschen Bundestages werden in allgemeiner, unmittelbarer, freier, gleicher und geheimer Wahl gewählt. Sie sind Vertreter des ganzen Volkes, an Aufträge und Weisungen nicht gebunden und nur ihrem Gewissen unterworfen. Bei ihrer Parlamentsarbeit haben sie die Sorgfalt eines ordentlichen und gewissenhaften Mandatsträgers anzuwenden. Eine Pflichtverletzung liegt nicht vor, wenn der Abgeordnete bei einer politischen Entscheidung vernünftigerweise annehmen durfte, auf der Grundlage angemessener Information zum Wohle des Volkes zu handeln. Abgeordnete, die ihre Pflichten verletzen, sind den Geschädigten zum Ersatz des daraus entstehenden Schadens als Gesamtschuldner verpflichtet. Ist streitig, ob sie die Sorgfalt eines ordentlichen und gewissenhaften Mandatsträgers angewandt haben, so trifft sie die Beweislast. Schließt der Abgeordnete eine Versicherung zur Absicherung gegen Risiken aus seiner beruflichen Tätigkeit ab, ist ein Selbstbehalt von mindestens 10 Prozent des Schadens bis mindestens zur Höhe des Eineinhalbfachen seiner festen jährlichen Abgeordnetendiäten vorzusehen. Für die Dauer seiner Zugehörigkeit zum Bundestag können Geschädigte sich darauf berufen, dass ein von ihnen auf Schadensersatz in Anspruch genommener Abgeordneter Amtsträger im staatshaftungsrechtlichen Sinne ist.[49]

(2) Wahlberechtigt ist, wer das achtzehnte Lebensjahr vollendet hat; wählbar ist, wer das Alter erreicht hat, mit dem die Volljährigkeit eintritt.

---

49 Artikel 38 Absatz 1 Sätze 3 bis 7 GG schaffen zur Stärkung der Verantwortlichkeit der Parlamentarier, zum Schutz ihrer Unabhängigkeit und zur Sicherung der Qualität ihrer Abgeordnetentätigkeit eine Harmonisierung mit denjenigen Regeln, die für die Vorstände von Aktiengesellschaften und Genossenschaften bereits anerkannt und inhaltsgleich gesetzlich geregelt sind. Artikel 38 Absatz 1 Satz 8 GG gewährt Geschädigten ein Wahlrecht, auch die Bundesrepublik unmittelbar in Anspruch zu nehmen, deren Aufgabe dann ist, regelmäßig nach Artikel 34 GG bei dem Abgeordneten Regress zu nehmen. Rechtsprechung und Lehre soll die Klärung der Frage vorbehalten bleiben, inwieweit schadenshindernde oder schadensmindernde Pflichten von überstimmten Abgeordneten bestehen und ob sie mit den Überwachungspflichten von Aufsichtsräten nach Maßgabe des § 111 Absatz 1 AktG zu harmonisieren sind.

(3) Das Nähere bestimmt ein Bundesgesetz.

(4) Die Höhe der Abgeordnetendiäten wird von dem Präsidenten des Bundestages für jeden Parlamentarier gesondert festgesetzt und hat demjenigen Einkommen zu entsprechen, das der Abgeordnete im Durchschnitt der letzten drei Kalenderjahre vor dem Kalenderjahr, in dem sein Eintritt in den Bundestag erfolgt ist, aus eigener Erwerbsarbeit versteuert hat. Im Falle der Wiederwahl können die Abgeordnetendiäten nach Maßgabe der allgemeinen Inflationsrate mit Wirkung ab dem Folgejahr angepasst werden.[50]

Art. 39

(1) Der Bundestag wird vorbehaltlich der nachfolgenden Bestimmungen auf vier Jahre gewählt. Seine Wahlperiode endet mit dem Zusammentritt eines neuen Bundestages. Die Neuwahl findet frühestens sechsundvierzig, spätestens achtundvierzig Monate nach Beginn der Wahlperiode statt. Im Falle einer Auflösung des Bundestages findet die Neuwahl innerhalb von sechzig Tagen statt.

(2) Der Bundestag tritt spätestens am dreißigsten Tage nach der Wahl zusammen.

(3) Der Bundestag bestimmt den Schluss und den Wiederbeginn seiner Sitzungen. Der Präsident des Bundestages kann ihn früher einberufen. Er ist hierzu verpflichtet, wenn ein Drittel der Mitglieder, der Bundespräsident oder der Bundeskanzler es verlangen.

Art. 40

(1) Der Bundestag wählt seinen Präsidenten, dessen Stellvertreter und die Schriftführer. Er gibt sich eine Geschäftsordnung.

(2) Der Präsident übt das Hausrecht und die Polizeigewalt im Ge-

---

50 Die Vergütung von Abgeordneten nach dem Maßstab ihres letzten Arbeitseinkommens vor Eintritt in den Bundestag vermeidet anreizende oder abschreckende Effekte auf die Motivation eines Bürgers, als Parlamentarier tätig zu werden. Zugleich stärkt die vergütungsrechtliche Gleichstellung des Abgeordneten mit seinen Einkommensverhältnissen außerhalb des Parlamentes seinen eigenen Realitätsbezug zur Wählerschaft und ermöglicht wirklichkeitsgerechte Verhaltensweisen im Kontext seiner parlamentarischen Entscheidungen, für die er aus den Mitteln seiner persönlichen Abgeordnetendiäten gegen Haftungsrisiken eine Vermögenshaftpflichtversicherung zu unterhalten hat.

bäude des Bundestages aus. Ohne seine Genehmigung darf in den Räumen des Bundestages keine Durchsuchung oder Beschlagnahme stattfinden.

Art. 41

(1) Die Wahlprüfung ist Sache des Bundestages. Er entscheidet auch, ob ein Abgeordneter des Bundestages die Mitgliedschaft verloren hat.
(2) Gegen die Entscheidung des Bundestages ist die Beschwerde an das Bundesverfassungsgericht zulässig.
(3) Das Nähere regelt ein Bundesgesetz.

Art. 42

(1) Der Bundestag verhandelt öffentlich. Auf Antrag eines Zehntels seiner Mitglieder oder auf Antrag der Bundesregierung kann mit Zweidrittelmehrheit die Öffentlichkeit ausgeschlossen werden. Über den Antrag wird in nichtöffentlicher Sitzung entschieden.
(2) Zu einem Beschlusse des Bundestages ist die Mehrheit der abgegebenen Stimmen erforderlich, soweit dieses Grundgesetz nichts anderes bestimmt. Für die vom Bundestage vorzunehmenden Wahlen kann die Geschäftsordnung Ausnahmen zulassen.
(3) Wahrheitsgetreue Berichte über die öffentlichen Sitzungen des Bundestages und seiner Ausschüsse bleiben von jeder Verantwortlichkeit frei.

Art. 43

(1) Der Bundestag und seine Ausschüsse können die Anwesenheit jedes Mitgliedes der Bundesregierung verlangen.
(2) Die Mitglieder des Bundesrates und der Bundesregierung sowie ihre Beauftragten haben zu allen Sitzungen des Bundestages und seiner Ausschüsse Zutritt. Sie müssen jederzeit gehört werden.

Art. 44

(1) Der Bundestag hat das Recht und auf Antrag eines Viertels seiner Mitglieder die Pflicht, einen Untersuchungsausschuss einzusetzen, der in öffentlicher Verhandlung die erforderlichen Beweise erhebt. Die Öffentlichkeit kann ausgeschlossen werden.

(2) Auf Beweiserhebungen finden die Vorschriften über den Strafprozess sinngemäß Anwendung. Das Brief-, Post- und Fernmeldegeheimnis bleibt unberührt.
(3) Gerichte und Verwaltungsbehörden sind zur Rechts- und Amtshilfe verpflichtet.
(4) Die Beschlüsse der Untersuchungsausschüsse sind der richterlichen Erörterung entzogen. In der Würdigung und Beurteilung des der Untersuchung zugrunde liegenden Sachverhaltes sind die Gerichte frei.

Art. 45

Der Bundestag bestellt einen Ausschuss für die Angelegenheiten der Europäischen Union. Er kann ihn ermächtigen, bei Gefahr im Verzug[51] die Rechte des Bundestages gemäß Artikel 23 gegenüber der Bundesregierung wahrzunehmen. Er kann ihn in gleicher Weise[52] auch ermächtigen, die Rechte wahrzunehmen, die dem Bundestag in den vertraglichen Grundlagen der Europäischen Union eingeräumt sind. Für die Ordnungsmäßigkeit der Handlungen des Ausschusses haften die Mitglieder des Bundestages insgesamt unmittelbar selbst als Gesamtschuldner.[53]

Art. 45a

(1) Der Bundestag bestellt einen Ausschuss für auswärtige Angelegenheiten und einen Ausschuss für Verteidigung.
(2) Der Ausschuss für Verteidigung hat auch die Rechte eines Untersuchungsausschusses. Auf Antrag eines Viertels seiner Mitglieder hat er die Pflicht, eine Angelegenheit zum Gegenstand seiner Untersuchung zu machen.
(3) Artikel 44 Abs. 1 findet auf dem Gebiet der Verteidigung keine Anwendung.

---

51 Die Eingrenzung auf Fälle der Gefahr im Verzug dient der Absicherung hinreichender parlamentarischer Kontrolle.

52 Die Verweisung auf die »gleiche Weise« stellt klar, dass der Ausschuss allenfalls bei Gefahr im Verzug handlungsbefugt ist.

53 Die unmittelbare Haftung der Bundestagsabgeordneten insgesamt für Handlungen des von ihnen ermächtigten Ausschusses stärkt dessen Arbeitsqualität bereits im Vorfeld durch den Anreiz, ausschließlich die je kompetentesten Abgeordneten in den Ausschuss zu entsenden.

Art. 45b

Zum Schutz der Grundrechte und als Hilfsorgan des Bundestages bei der Ausübung der parlamentarischen Kontrolle wird ein Wehrbeauftragter des Bundestages berufen. Das Nähere regelt ein Bundesgesetz.

Art. 45c

(1) Der Bundestag bestellt einen Petitionsausschuss, dem die Behandlung der nach Artikel 17 an den Bundestag gerichteten Bitten und Beschwerden obliegt.
(2) Die Befugnisse des Ausschusses zur Überprüfung von Beschwerden regelt ein Bundesgesetz.

Art. 45d

(1) Der Bundestag bestellt ein Gremium zur Kontrolle der nachrichtendienstlichen Tätigkeit des Bundes.
(2) Das Nähere regelt ein Bundesgesetz.

Art. 46

(1) Ein Abgeordneter darf unbeschadet seiner haftungsrechtlichen Verpflichtungen im Sinne des Artikel 38 Absatz 1[54] zu keiner Zeit wegen seiner Abstimmung oder wegen einer Äußerung, die er im Bundestage oder in einem seiner Ausschüsse getan hat, gerichtlich oder dienstlich verfolgt oder sonst außerhalb des Bundestages zur Verantwortung gezogen werden. Dies gilt nicht für verleumderische Beleidigungen.
(2) Wegen einer mit Strafe bedrohten Handlung darf ein Abgeordneter nur mit Genehmigung des Bundestages zur Verantwortung gezogen oder verhaftet werden, es sei denn, dass er bei Begehung der Tat oder im Laufe des folgenden Tages festgenommen wird.
(3) Die Genehmigung des Bundestages ist ferner bei jeder anderen Beschränkung der persönlichen Freiheit eines Abgeordneten oder zur Einleitung eines Verfahrens gegen einen Abgeordneten gemäß Artikel 18 erforderlich.

---

54 Die straf- und disziplinarrechtliche Privilegierung der Abgeordneten nach diesem Artikel reduziert nicht ihre nötigenfalls auch gerichtlich einklag- und durchsetzbare haftungsrechtliche Verantwortung.

(4) Jedes Strafverfahren und jedes Verfahren gemäß Artikel 18 gegen einen Abgeordneten, jede Haft und jede sonstige Beschränkung seiner persönlichen Freiheit sind auf Verlangen des Bundestages auszusetzen.

Art. 47

Die Abgeordneten sind berechtigt, über Personen, die ihnen in ihrer Eigenschaft als Abgeordnete oder denen sie in dieser Eigenschaft Tatsachen anvertraut haben, sowie über diese Tatsachen selbst das Zeugnis zu verweigern. Soweit dieses Zeugnisverweigerungsrecht reicht, ist die Beschlagnahme von Schriftstücken unzulässig.

Art. 48

(1) Wer sich um einen Sitz im Bundestage bewirbt, hat Anspruch auf den zur Vorbereitung seiner Wahl erforderlichen Urlaub.
(2) Niemand darf gehindert werden, das Amt eines Abgeordneten zu übernehmen und auszuüben. Eine Kündigung oder Entlassung aus diesem Grunde ist unzulässig.
(3) Die Abgeordneten haben neben ihrem Anspruch auf Diäten nach Maßgabe des Artikel 38 Absatz 1 GG Anspruch auf eine angemessene, ihre Unabhängigkeit sichernde Freistellung von Kosten ihrer Abgeordnetentätigkeit[55]. Sie haben das Recht der freien Benutzung aller staatlichen Verkehrsmittel. Das Nähere regelt ein Bundesgesetz.

Art. 49

(weggefallen)

---

55 Neben den Abgeordnetendiäten, die der unmittelbar eigenen Tätigkeitsvergütung des Abgeordneten dienen, hat jeder Abgeordnete Anspruch auf Freistellung von den Kosten für ein angemessenes Büro einschließlich aller personellen und sächlichen Mittel. Über die Art und den Umfang dieser Zahlungen, die dem Abgeordneten nicht unmittelbar oder mittelbar selbst zufließen dürfen, entscheidet der Bundestag durch Satzung.

IV.
Der Bundesrat

Art. 50

Durch den Bundesrat wirken die Länder bei der Gesetzgebung und Verwaltung des Bundes und in Angelegenheiten der Europäischen Union mit.

Art. 51

(1) Der Bundesrat besteht aus Mitgliedern der Regierungen der Länder, die sie bestellen und abberufen. Sie können durch andere Mitglieder ihrer Regierungen vertreten werden. Bei seiner Bundesratstätigkeit hat jeder einzelne aus einer Landesregierung entsandte Vertreter persönlich die Sorgfalt eines ordentlichen und gewissenhaften Bundesratsmitgliedes anzuwenden. Eine Pflichtverletzung liegt nicht vor, wenn das Bundesratsmitglied bei seiner Vertretungsentscheidung vernünftigerweise annehmen durfte, auf der Grundlage angemessener Information zum Wohle des Volkes zu handeln. Bundesratsmitglieder, die ihre Pflichten verletzen, sind den Geschädigten zum Ersatz des daraus entstehenden Schadens als Gesamtschuldner verpflichtet. Ist streitig, ob sie die Sorgfalt eines ordentlichen und gewissenhaften Bundesratsvertreters angewandt haben, so trifft sie die Beweislast. Schließt das Bundesratsmitglied eine Versicherung zur Absicherung gegen Risiken aus seiner beruflichen Tätigkeit ab, ist ein Selbstbehalt von mindestens 10 Prozent des Schadens bis mindestens zur Höhe des Eineinhalbfachen seiner festen jährlichen Bezüge vorzusehen. Für die Dauer seiner Zugehörigkeit zum Bundesrat können Geschädigte sich darauf berufen, dass ein von ihnen auf Schadensersatz in Anspruch genommenes Bundesratsmitglied Amtsträger im staatshaftungsrechtlichen Sinne ist.[56]

(2) Jedes Land hat mindestens drei Stimmen, Länder mit mehr als zwei Millionen Einwohnern haben vier, Länder mit mehr als sechs Millionen Einwohnern fünf, Länder mit mehr als sieben Millionen Einwohnern sechs Stimmen.

---

56 Artikel 51 Absatz 1 GG harmonisiert die Haftungsregeln der Bundestagsabgeordneten mit denen der Ländervertreter im Bundesrat und stellt sie insoweit gleich.

(3) Jedes Land kann so viele Mitglieder entsenden, wie es Stimmen hat. Die Stimmen eines Landes können nur einheitlich und nur durch anwesende Mitglieder oder deren Vertreter abgegeben werden.

Art. 52

(1) Der Bundesrat wählt seinen Präsidenten auf ein Jahr.
(2) Der Präsident beruft den Bundesrat ein. Er hat ihn einzuberufen, wenn die Vertreter von mindestens zwei Ländern oder die Bundesregierung es verlangen.
(3) Der Bundesrat fasst seine Beschlüsse mit mindestens der Mehrheit seiner Stimmen. Sind nicht sämtliche Mitglieder, die die Länder in den Bundesrat entsandt haben, anwesend, ist der Bundesrat nicht beschlussfähig.[57] Er gibt sich eine Geschäftsordnung. Er verhandelt öffentlich. Die Öffentlichkeit kann ausgeschlossen werden.
(3a) Für Angelegenheiten der Europäischen Union kann der Bundesrat eine Europakammer bilden, deren Beschlüsse als Beschlüsse des Bundesrates gelten; die Anzahl der einheitlich abzugebenden Stimmen der Länder bestimmt sich nach Artikel 51 Abs. 2. Für die Ordnungsmäßigkeit der Handlungen des Ausschusses haften sämtliche zu diesem Zeitpunkt bestellten Mitglieder des Bundesrates insgesamt unmittelbar selbst als Gesamtschuldner.[58]
(4) Den Ausschüssen des Bundesrates können andere Mitglieder oder Beauftragte der Regierungen der Länder angehören. Die Ausschussmitglieder haften für die Ordnungsmäßigkeit ihrer Tätigkeit in den Ausschüssen entsprechend der Regelungen für Bundesratsmitglieder und mit diesem gemeinsam als Gesamtschuldner.[59]

Art. 53

Die Mitglieder der Bundesregierung haben das Recht und auf Verlangen die Pflicht, an den Verhandlungen des Bundesrates und seiner Ausschüsse teilzunehmen. Sie müssen jederzeit gehört werden. Der

---

57 Artikel 51 Absatz 3 Satz 3 GG intensiviert die Mitwirkungspflichten und Verantwortlichkeiten der Bundesratsmitglieder insgesamt.

58 Die Haftung der Ermächtigenden aus dem Bundesrat entspricht der Haftung der Bundestagsabgeordneten nach Artikel 45 GG

59 Neben den ermächtigenden Bundesratsmitgliedern haften auch die in den Ausschüssen selber tätigen Vertreter entsprechend.

Bundesrat ist von der Bundesregierung über die Führung der Geschäfte auf dem Laufenden zu halten.

IVa.
Gemeinsamer Ausschuss

Art. 53a

(1) Der Gemeinsame Ausschuss besteht zu zwei Dritteln aus Abgeordneten des Bundestages, zu einem Drittel aus Mitgliedern des Bundesrates. Die Abgeordneten werden vom Bundestage entsprechend dem Stärkeverhältnis der Fraktionen bestimmt; sie dürfen nicht der Bundesregierung angehören. Jedes Land wird durch ein von ihm bestelltes Mitglied des Bundesrates vertreten; diese Mitglieder sind nicht an Weisungen gebunden. Die Bildung des Gemeinsamen Ausschusses und sein Verfahren werden durch eine Geschäftsordnung geregelt, die vom Bundestage zu beschließen ist und der Zustimmung des Bundesrates bedarf. Die haftungsrechtliche Verantwortung der Ausschussmitglieder bestimmt sich nach ihrem Status als Bundestagsabgeordnete oder Mitglieder des Bundesrates.[60]

(2) Die Bundesregierung hat den Gemeinsamen Ausschuss über ihre Planungen für den Verteidigungsfall zu unterrichten. Die Rechte des Bundestages und seiner Ausschüsse nach Artikel 43 Abs. 1 bleiben unberührt.

V.
Der Bundespräsident

Art. 54

(1) Der Bundespräsident wird in einem durch Bundesgesetz zu regelnden Verfahren unmittelbar vom Volk[61] in allgemeiner, unmittel-

60 Artikel 53a Absatz 1 stellt a. E. klar, dass die Tätigkeit im Gemeinsamen Ausschuss nicht haftungsbefreit ist.

61 Der Bundespräsident soll unabhängig handeln können und seine Legitimation daher unmittelbar aus dem Wahlvolk beziehen. Die Absätze 3 bis 7 entfallen daher ersatzlos.

barer, freier, gleicher und geheimer Wahl gewählt. Wahlberechtigt ist jeder und wählbar ist jeder Deutsche, der das Wahlrecht zum Bundestage besitzt und das vierzigste Lebensjahr vollendet hat.
(2) Das Amt des Bundespräsidenten dauert fünf Jahre. Anschließende Wiederwahl ist nur einmal zulässig.

Art. 55

(1) Der Bundespräsident darf weder der Regierung noch einer gesetzgebenden Körperschaft des Bundes oder eines Landes angehören.
(2) Der Bundespräsident darf während seiner Amtstätigkeit[62] kein anderes besoldetes Amt, kein Gewerbe und keinen Beruf ausüben und weder der Leitung noch dem Aufsichtsrate eines auf Erwerb gerichteten Unternehmens angehören.

Art. 56

Der Bundespräsident leistet bei seinem Amtsantritt vor den versammelten Mitgliedern des Bundestages und des Bundesrates folgenden Eid:
»Ich schwöre, dass ich meine Kraft dem Wohle des deutschen Volkes widmen, seinen Nutzen mehren, Schaden von ihm wenden, das Grundgesetz und die Gesetze des Bundes wahren und verteidigen, meine Pflichten gewissenhaft erfüllen und Gerechtigkeit gegen jedermann üben werde. So wahr mir Gott helfe.«
Der Eid kann auch ohne religiöse Beteuerung geleistet werden.

Art. 57

Die Befugnisse des Bundespräsidenten werden im Falle seiner Verhinderung oder bei vorzeitiger Erledigung des Amtes durch den Präsidenten des Bundesrates wahrgenommen.

Art. 58

Anordnungen und Verfügungen des Bundespräsidenten bedürfen zu ihrer Gültigkeit der Gegenzeichnung durch den Bundeskanzler oder durch den zuständigen Bundesminister. Dies gilt nicht für die Ernen-

62 Vorher und nachher soll der Bundespräsident unabhängig tätig sein.

nung und Entlassung des Bundeskanzlers, die Auflösung des Bundestages gemäß Artikel 63 und das Ersuchen gemäß Artikel 69 Abs. 3.

Art. 59

(1) Der Bundespräsident vertritt den Bund völkerrechtlich. Er schließt im Namen des Bundes die Verträge mit auswärtigen Staaten. Er beglaubigt und empfängt die Gesandten.
(2) Verträge, welche die politischen Beziehungen des Bundes regeln oder sich auf Gegenstände der Bundesgesetzgebung beziehen, bedürfen der Zustimmung oder der Mitwirkung der jeweils für die Bundesgesetzgebung zuständigen Körperschaften in der Form eines Bundesgesetzes. Für Verwaltungsabkommen gelten die Vorschriften über die Bundesverwaltung entsprechend.

Art. 59a

(weggefallen)

Art. 60

(1) Der Bundespräsident ernennt und entlässt die Bundesrichter, die Bundesbeamten, die Offiziere und Unteroffiziere, soweit gesetzlich nichts anderes bestimmt ist.
(2) Er übt im Einzelfalle für den Bund das Begnadigungsrecht aus.
(3) Er kann diese Befugnisse auf andere Behörden übertragen.
(4) Die Absätze 2 bis 4 des Artikels 46 finden auf den Bundespräsidenten entsprechende Anwendung.

Art. 61

(1) Der Bundestag oder der Bundesrat können den Bundespräsidenten wegen vorsätzlicher Verletzung des Grundgesetzes oder eines anderen Bundesgesetzes vor dem Bundesverfassungsgericht anklagen. Der Antrag auf Erhebung der Anklage muss von mindestens einem Viertel der Mitglieder des Bundestages oder einem Viertel der Stimmen des Bundesrates gestellt werden. Der Beschluss auf Erhebung der Anklage bedarf der Mehrheit von zwei Dritteln der Mitglieder des Bundestages oder von zwei Dritteln der Stimmen des Bundesrates. Die Anklage wird von einem Beauftragten der anklagenden Körperschaft vertreten.

(2) Stellt das Bundesverfassungsgericht fest, dass der Bundespräsident einer vorsätzlichen Verletzung des Grundgesetzes oder eines anderen Bundesgesetzes schuldig ist, so kann es ihn des Amtes für verlustig erklären. Durch einstweilige Anordnung kann es nach der Erhebung der Anklage bestimmen, dass er an der Ausübung seines Amtes verhindert ist.
(3) Der Bundespräsident haftet für die Sorgfalt eines ordentlichen und gewissenhaften Verfassungsorganes entsprechend den Vorschriften über die Abgeordnetenhaftung nach Artikel 38 Absatz 1, wobei seine Haftung auf Vorsatz und grobe Fahrlässigkeit beschränkt ist[63].

VI.
Die Bundesregierung

Art. 62

Die Bundesregierung besteht aus dem Bundeskanzler und aus den Bundesministern.

Art. 63

(1) Der Bundeskanzler wird auf Vorschlag des Bundespräsidenten vom Bundestage ohne Aussprache gewählt. Die Amtsdauer eines Bundeskanzlers darf acht Jahre oder zwei Wahlperioden nicht überschreiten.[64]
(2) Gewählt ist, wer die Stimmen der Mehrheit der Mitglieder des Bundestages auf sich vereinigt. Der Gewählte ist vom Bundespräsidenten zu ernennen.
(3) Wird der Vorgeschlagene nicht gewählt, so kann der Bundestag binnen vierzehn Tagen nach dem Wahlgange mit mehr als der Hälfte seiner Mitglieder einen Bundeskanzler wählen.

---

63 Die Haftungsprivilegierung des Bundespräsidenten korrespondiert mit seinem rein auf die Beachtung formaler Pflichten gerichteten Aufgabenkreis als »Staatsnotar« des Grundgesetzes und soll – wegen seiner unmittelbaren Legitimation durch das Volk – seine Unabhängigkeit gegenüber den übrigen Verfassungsorganen einzig auf diesem Gebiet stärken.

64 Die Amtszeit des Bundeskanzlers wird auf acht Jahre oder zwei Wahlperioden – je nachdem, welche Zeit kürzer ist, begrenzt.

(4) Kommt eine Wahl innerhalb dieser Frist nicht zustande, so findet unverzüglich ein neuer Wahlgang statt, in dem gewählt ist, wer die meisten Stimmen erhält. Vereinigt der Gewählte die Stimmen der Mehrheit der Mitglieder des Bundestages auf sich, so muss der Bundespräsident ihn binnen sieben Tagen nach der Wahl ernennen. Erreicht der Gewählte diese Mehrheit nicht, so hat der Bundespräsident binnen sieben Tagen entweder ihn zu ernennen oder den Bundestag aufzulösen.

Art. 64

(1) Die Bundesminister werden auf Vorschlag des Bundeskanzlers vom Bundespräsidenten ernannt und entlassen.
(2) Der Bundeskanzler und die Bundesminister leisten bei der Amtsübernahme vor dem Bundestage den in Artikel 56 vorgesehenen Eid.

Art. 65

Der Bundeskanzler bestimmt die Richtlinien der Politik und trägt dafür nach Maßgabe der haftungsrechtlichen Verpflichtungen eines Abgeordneten[65] die Verantwortung. Innerhalb dieser Richtlinien leitet jeder Bundesminister seinen Geschäftsbereich selbstständig und nach Maßgabe der haftungsrechtlichen Verpflichtungen eines Abgeordneten[66] unter eigener Verantwortung. Über Meinungsverschiedenheiten zwischen den Bundesministern entscheidet die Bundesregierung. Der Bundeskanzler leitet ihre Geschäfte nach einer von der Bundesregierung beschlossenen und vom Bundespräsidenten genehmigten Geschäftsordnung.

Art. 65a

(1) Der Bundesminister für Verteidigung hat die Befehls- und Kommandogewalt über die Streitkräfte.
(2) (weggefallen)

---

65 Auch der Bundeskanzler ist haftungsrechtlich verantwortlich.
66 Bundesminister haften Dritten ebenfalls wie Abgeordnete.

Art. 66

Der Bundeskanzler und die Bundesminister dürfen während ihrer Amtszeit[67] kein anderes besoldetes Amt, kein Gewerbe und keinen Beruf ausüben und weder der Leitung noch ohne Zustimmung des Bundestages dem Aufsichtsrate eines auf Erwerb gerichteten Unternehmens angehören.

Art. 67

(1) Der Bundestag kann dem Bundeskanzler das Misstrauen nur dadurch aussprechen, dass er mit der Mehrheit seiner Mitglieder einen Nachfolger wählt und den Bundespräsidenten ersucht, den Bundeskanzler zu entlassen. Der Bundespräsident muss dem Ersuchen entsprechen und den Gewählten ernennen.
(2) Zwischen dem Antrage und der Wahl müssen achtundvierzig Stunden liegen.

Art. 68

(1) Findet ein Antrag des Bundeskanzlers, ihm das Vertrauen auszusprechen, nicht die Zustimmung der Mehrheit der Mitglieder des Bundestages, so kann der Bundespräsident auf Vorschlag des Bundeskanzlers binnen einundzwanzig Tagen den Bundestag auflösen. Das Recht zur Auflösung erlischt, sobald der Bundestag mit der Mehrheit seiner Mitglieder einen anderen Bundeskanzler wählt.
(2) Zwischen dem Antrage und der Abstimmung müssen achtundvierzig Stunden liegen.

Art. 69

(1) Der Bundeskanzler ernennt einen Bundesminister zu seinem Stellvertreter.
(2) Das Amt des Bundeskanzlers oder eines Bundesministers endigt in jedem Falle mit dem Zusammentritt eines neuen Bundestages, das Amt eines Bundesministers auch mit jeder anderen Erledigung des Amtes des Bundeskanzlers.

---

67 Außerhalb ihrer Amtszeit dürfen und sollen sie (in den Grenzen des Art. 33 Abs. 2 GG) arbeiten können.

1. die auswärtigen Angelegenheiten sowie die Verteidigung einschließlich des Schutzes der Zivilbevölkerung;
2. die Staatsangehörigkeit im Bunde;
3. die Freizügigkeit, das Passwesen, das Melde- und Ausweiswesen, die Ein- und Auswanderung und die Auslieferung;
4. das Währungs-, Geld- und Münzwesen Ausnahme des Rechtes der Bundesländer eigene Landeswährungen auszugeben oder Privatwährungen zuzulassen[70], Maße und Gewichte sowie die Zeitbestimmung;
5. die Einheit des Zoll- und Handelsgebietes, die Handels- und Schifffahrtsverträge, die Freizügigkeit des Warenverkehrs und den Waren- und Zahlungsverkehr mit dem Auslande einschließlich des Zoll- und Grenzschutzes;

5a. den Schutz deutschen Kulturgutes gegen Abwanderung ins Ausland;

6. den Luftverkehr;

6a. den Verkehr von Eisenbahnen, die ganz oder mehrheitlich im Eigentum des Bundes stehen (Eisenbahnen des Bundes), den Bau, die Unterhaltung und das Betreiben von Schienenwegen der Eisenbahnen des Bundes sowie die Erhebung von Entgelten für die Benutzung dieser Schienenwege;

7. das Postwesen und die Telekommunikation;
8. die Rechtsverhältnisse der im Dienste des Bundes und der bundesunmittelbaren Körperschaften des öffentlichen Rechtes stehenden Personen;
9. den gewerblichen Rechtsschutz, das Urheberrecht und das Verlagsrecht;

9a. die Abwehr von Gefahren des internationalen Terrorismus durch das Bundeskriminalpolizeiamt in Fällen, in denen eine länderübergreifende Gefahr vorliegt, die Zuständigkeit einer Landespolizeibehörde nicht erkennbar ist oder die oberste Landesbehörde um eine Übernahme ersucht;

10. die Zusammenarbeit des Bundes und der Länder
    a) in der Kriminalpolizei,
    b) zum Schutze der freiheitlichen demokratischen Grundordnung, des Bestandes und der Sicherheit des Bundes oder eines Landes (Verfassungsschutz) und

---

70 Die Bundesländer erhalten das Recht, eigene Parallelwährungen auszugeben oder private Währungen zu gestatten.

c) zum Schutze gegen Bestrebungen im Bundesgebiet, die durch Anwendung von Gewalt oder darauf gerichtete Vorbereitungshandlungen auswärtige Belange der Bundesrepublik Deutschland gefährden, sowie die Einrichtung eines Bundeskriminalpolizeiamtes und die internationale Verbrechensbekämpfung;

11. die Statistik für Bundeszwecke;
12. das Waffen- und das Sprengstoffrecht;
13. die Versorgung der Kriegsbeschädigten und Kriegshinterbliebenen und die Fürsorge für die ehemaligen Kriegsgefangenen;
14. die Erzeugung und Nutzung der Kernenergie zu friedlichen Zwecken, die Errichtung und den Betrieb von Anlagen, die diesen Zwecken dienen, den Schutz gegen Gefahren, die bei Freiwerden von Kernenergie oder durch ionisierende Strahlen entstehen, und die Beseitigung radioaktiver Stoffe.

(2) Gesetze nach Absatz 1 Nr. 9a bedürfen der Zustimmung des Bundesrates.

Art. 74

(1) Die konkurrierende Gesetzgebung erstreckt sich auf folgende Gebiete:

1. das bürgerliche Recht, das Strafrecht, die Gerichtsverfassung, das gerichtliche Verfahren (ohne das Recht des Untersuchungshaftvollzugs), die Rechtsanwaltschaft, das Notariat und die Rechtsberatung;
2. das Personenstandswesen;
3. das Vereinsrecht;
4. das Aufenthalts- und Niederlassungsrecht der Ausländer;
5. (weggefallen)
6. die Angelegenheiten der Flüchtlinge und Vertriebenen;
7. die öffentliche Fürsorge (ohne das Heimrecht);
8. (weggefallen)
9. die Kriegsschäden und die Wiedergutmachung;
10. die Kriegsgräber und Gräber anderer Opfer des Krieges und Opfer von Gewaltherrschaft;
11. das Recht der Wirtschaft (Bergbau, Industrie, Energiewirtschaft, Handwerk, Gewerbe, Handel, Bank- und Börsenwesen, privatrechtliches Versicherungswesen) ohne das Recht des Ladenschlusses, der Gaststätten, der Spielhallen, der Schaustellung von Personen, der Messen, der Ausstellungen und der Märkte;
12. das Arbeitsrecht einschließlich der Betriebsverfassung, des

Arbeitsschutzes und der Arbeitsvermittlung sowie die Sozialversicherung einschließlich der Arbeitslosenversicherung;

13. die Regelung der Ausbildungsbeihilfen und die Förderung der wissenschaftlichen Forschung;
14. das Recht der Enteignung, soweit sie auf den Sachgebieten der Artikel 73 und 74 in Betracht kommt;
15. die Überführung von Grund und Boden, von Naturschätzen und Produktionsmitteln in Gemeineigentum oder in andere Formen der Gemeinwirtschaft;
16. die Verhütung des Missbrauchs wirtschaftlicher oder informationstechnischer[71] Machtstellung einschließlich des Rechtes, Maßnahmen zu ergreifen, um schädlichen Auswirkungen finanz- oder wirtschaftspolitischer Entscheidungen von Organen der Europäischen Union entgegenzuwirken[72];
17. die Förderung der land- und forstwirtschaftlichen Erzeugung (ohne das Recht der Flurbereinigung), die Sicherung der Ernährung, die Ein- und Ausfuhr land- und forstwirtschaftlicher Erzeugnisse, die Hochsee- und Küstenfischerei und den Küstenschutz;
18. den städtebaulichen Grundstücksverkehr, das Bodenrecht (ohne das Recht der Erschließungsbeiträge) und das Wohngeldrecht, das Altschuldenhilferecht, das Wohnungsbauprämienrecht, das Bergarbeiterwohnungsbaurecht und das Bergmannssiedlungsrecht;
19. Maßnahmen gegen gemeingefährliche oder übertragbare Krankheiten bei Menschen und Tieren, Zulassung zu ärztlichen und anderen Heilberufen und zum Heilgewerbe, sowie das Recht des Apothekenwesens, der Arzneien, der Medizinprodukte, der Heilmittel, der Betäubungsmittel und der Gifte;

19a. die wirtschaftliche Sicherung der Krankenhäuser und die Regelung der Krankenhauspflegesätze;

---

71 Informationstechnische Machtstellungen, insbesondere infolge von Digitalisierungen oder medientechnischer Vernetzungen, stehen wirtschaftlichen Machtstellungen in ihren Gefahrenpotenzialen gleich, was ihre Regulierung in Analogie zu diesen legitimiert.

72 Die Machtstellung von Organen der Europäischen Union kann direkt oder indirekt schädliche Auswirkungen auf Länder haben, denen – jedenfalls solange der Bund nicht seinerseits entsprechend tätig geworden ist – die grundgesetzliche Befugnis eingeräumt wird, derartigen Gefahren für das Land entgegentreten zu können.

20. das Recht der Lebensmittel einschließlich der ihrer Gewinnung dienenden Tiere, das Recht der Genussmittel, Bedarfsgegenstände und Futtermittel sowie den Schutz beim Verkehr mit land- und forstwirtschaftlichem Saat- und Pflanzgut, den Schutz der Pflanzen gegen Krankheiten und Schädlinge sowie den Tierschutz;
21. die Hochsee- und Küstenschifffahrt sowie die Seezeichen, die Binnenschifffahrt, den Wetterdienst, die Seewasserstraßen und die dem allgemeinen Verkehr dienenden Binnenwasserstraßen;
22. den Straßenverkehr, das Kraftfahrwesen, den Bau und die Unterhaltung von Landstraßen für den Fernverkehr sowie die Erhebung und Verteilung von Gebühren oder Entgelten für die Benutzung öffentlicher Straßen mit Fahrzeugen;
23. die Schienenbahnen, die nicht Eisenbahnen des Bundes sind, mit Ausnahme der Bergbahnen;
24. die Abfallwirtschaft, die Luftreinhaltung und die Lärmbekämpfung (ohne Schutz vor verhaltensbezogenem Lärm);
25. die Staatshaftung;
26. die medizinisch unterstützte Erzeugung menschlichen Lebens, die Untersuchung und die künstliche Veränderung von Erbinformationen sowie Regelungen zur Transplantation von Organen, Geweben und Zellen;
27. die Statusrechte und -pflichten der Beamten der Länder, Gemeinden und anderen Körperschaften des öffentlichen Rechts sowie der Richter in den Ländern mit Ausnahme der Laufbahnen, Besoldung und Versorgung;
28. das Jagdwesen;
29. den Naturschutz und die Landschaftspflege;
30. die Bodenverteilung;
31. die Raumordnung;
32. den Wasserhaushalt;
33. die Hochschulzulassung und die Hochschulabschlüsse.

(2) Gesetze nach Absatz 1 Nr. 25 und 27 bedürfen der Zustimmung des Bundesrates.

Art. 74a und 75

(weggefallen)

Art. 76

(1) Gesetzesvorlagen werden beim Bundestage durch die Bundesregierung, aus der Mitte des Bundestages oder durch den Bundesrat eingebracht.

(2) Vorlagen der Bundesregierung sind zunächst dem Bundesrat zuzuleiten. Der Bundesrat ist berechtigt, innerhalb von sechs Wochen zu diesen Vorlagen Stellung zu nehmen. Verlangt er aus wichtigem Grunde, insbesondere mit Rücksicht auf den Umfang einer Vorlage, eine Fristverlängerung, so beträgt die Frist neun Wochen. Die Bundesregierung kann eine Vorlage, die sie bei der Zuleitung an den Bundesrat ausnahmsweise als besonders eilbedürftig bezeichnet hat, nach drei Wochen oder, wenn der Bundesrat ein Verlangen nach Satz 3 geäußert hat, nach sechs Wochen dem Bundestag zuleiten, auch wenn die Stellungnahme des Bundesrates noch nicht bei ihr eingegangen ist; sie hat die Stellungnahme des Bundesrates unverzüglich nach Eingang dem Bundestag nachzureichen. Bei Vorlagen zur Änderung dieses Grundgesetzes und zur Übertragung von Hoheitsrechten nach Artikel 23 oder Artikel 24 beträgt die Frist zur Stellungnahme neun Wochen; Satz 4 findet keine Anwendung.

(3) Vorlagen des Bundesrates sind dem Bundestag durch die Bundesregierung innerhalb von sechs Wochen zuzuleiten. Sie soll hierbei ihre Auffassung darlegen. Verlangt sie aus wichtigem Grunde, insbesondere mit Rücksicht auf den Umfang einer Vorlage, eine Fristverlängerung, so beträgt die Frist neun Wochen. Wenn der Bundesrat eine Vorlage ausnahmsweise als besonders eilbedürftig bezeichnet hat, beträgt die Frist drei Wochen oder, wenn die Bundesregierung ein Verlangen nach Satz 3 geäußert hat, sechs Wochen. Bei Vorlagen zur Änderung dieses Grundgesetzes und zur Übertragung von Hoheitsrechten nach Artikel 23 oder Artikel 24 beträgt die Frist neun Wochen; Satz 4 findet keine Anwendung. Der Bundestag hat über die Vorlagen in angemessener Frist zu beraten und Beschluss zu fassen.

Art. 77

(1) Die Bundesgesetze werden vom Bundestage beschlossen, nachdem sie in ihrem vollen Wortlaut bei durchgängig gleichzeitiger Anwesenheit von wenigstens dreiviertel aller Mitglieder des Bundestages

von dem Präsidenten des Bundestages verlesen worden sind[73]. Sie sind nach ihrer Annahme durch den Präsidenten des Bundestages unverzüglich dem Bundesrate zuzuleiten.

(2) Der Bundesrat kann binnen drei Wochen nach Eingang des Gesetzesbeschlusses verlangen, dass ein aus Mitgliedern des Bundestages und des Bundesrates für die gemeinsame Beratung von Vorlagen gebildeter Ausschuss einberufen wird. Die Zusammensetzung und das Verfahren dieses Ausschusses regelt eine Geschäftsordnung, die vom Bundestag beschlossen wird und der Zustimmung des Bundesrates bedarf. Die in diesen Ausschuss entsandten Mitglieder des Bundesrates sind nicht an Weisungen gebunden und für die Ordnungsmäßigkeit ihrer Tätigkeit nach Maßgabe ihrer Stellung als Bundesratsmitglieder verantwortlich[74]. Ist zu einem Gesetze die Zustimmung des Bundesrates erforderlich, so können auch der Bundestag und die Bundesregierung die Einberufung verlangen. Schlägt der Ausschuss eine Änderung des Gesetzesbeschlusses vor, so hat der Bundestag erneut einen Beschluss nach den Regeln des Absatzes 1[75] zu fassen.

(2a) Soweit zu einem Gesetz die Zustimmung des Bundesrates erforderlich ist, hat der Bundesrat, wenn ein Verlangen nach Absatz 2 Satz 1 nicht gestellt oder das Vermittlungsverfahren ohne einen Vorschlag zur Änderung des Gesetzesbeschlusses beendet ist, in angemessener Frist über die Zustimmung Beschluss zu fassen.

(3) Soweit zu einem Gesetze die Zustimmung des Bundesrates nicht erforderlich ist, kann der Bundesrat, wenn das Verfahren nach Absatz 2 beendigt ist, gegen ein vom Bundestage beschlossenes Gesetz binnen zwei Wochen Einspruch einlegen. Die Einspruchsfrist beginnt im Falle des Absatzes 2 letzter Satz mit dem Ende der Verlesung des

---

73 Nur Gesetze, deren voller Wortlaut der Gesamtheit aller Parlamentarier vor ihrer Beschlussfassung unzweifelhaft bekannt gemacht worden ist, können allgemein gültig sein. Was anlässlich des Normenvollzuges in jedem Notariat eine Selbstverständlichkeit ist, muss erst recht für die Legislative gelten. Missverständnisse sind zu vermeiden, Normenklarheit ist anzustreben. Mindestens 75 % aller Abgeordneten haben anwesend zu sein, während der Gesetzestext verlesen wird; andernfalls kann das Gesetz nicht in Kraft treten.

74 Bundesratsmitglieder haften für ihre Tätigkeit im Vermittlungsausschuss ebenso wie für ihre Tätigkeit im Bundesrat.

75 Nach Rückverweisung muss das Gesetz erneut vollständig verlesen werden, um Missverständnisse auszuschließen.

vom Bundestage erneut gefassten Beschlusses im Bundesrat[76], in allen anderen Fällen mit dem Eingange der Mitteilung des Vorsitzenden des in Absatz 2 vorgesehenen Ausschusses, dass das Verfahren vor dem Ausschuss nach vollständiger Verlesung des beabsichtigten Gesetzeswortlautes bei Anwesenheit aller Ausschussmitglieder[77] abgeschlossen ist.
(4) Wird der Einspruch mit der Mehrheit der Stimmen des Bundesrates beschlossen, so kann er durch Beschluss der Mehrheit der Mitglieder des Bundestages zurückgewiesen werden. Hat der Bundesrat den Einspruch mit einer Mehrheit von mindestens zwei Dritteln seiner Stimmen beschlossen, so bedarf die Zurückweisung durch den Bundestag einer Mehrheit von zwei Dritteln, mindestens der Mehrheit der Mitglieder des Bundestages.

Art. 78

Ein vom Bundestage beschlossenes Gesetz kommt zustande, wenn der Bundesrat zustimmt, den Antrag gemäß Artikel 77 Abs. 2 nicht stellt, innerhalb der Frist des Artikels 77 Abs. 3 keinen Einspruch einlegt oder ihn zurücknimmt oder wenn der Einspruch vom Bundestage überstimmt wird.

Art. 79

(1) Das Grundgesetz kann nur durch ein Gesetz geändert werden, das den Wortlaut des Grundgesetzes ausdrücklich ändert oder ergänzt. Bei völkerrechtlichen Verträgen, die eine Friedensregelung, die Vorbereitung einer Friedensregelung oder den Abbau einer besatzungsrechtlichen Ordnung zum Gegenstand haben oder der Verteidigung der Bundesrepublik zu dienen bestimmt sind, genügt zur Klarstellung, dass die Bestimmungen des Grundgesetzes dem Abschluss und dem Inkraftsetzen der Verträge nicht entgegenstehen, eine Ergänzung des Wortlautes des Grundgesetzes, die sich auf diese Klarstellung beschränkt.

---

76 Der Fristbeginn setzt voraus, dass das Gesetz dort vollständig verlesen worden ist.

77 Auch in den Ausschüssen haben Gesetzestexte in voller Länge verlesen zu werden.

(2) Ein solches Gesetz bedarf der Zustimmung von zwei Dritteln der Mitglieder des Bundestages und zwei Dritteln der Stimmen des Bundesrates.
(3) Eine Änderung dieses Grundgesetzes, durch welche die Gliederung des Bundes in Länder, die grundsätzliche Mitwirkung der Länder bei der Gesetzgebung oder die in den Artikeln 1 und 20 niedergelegten Grundsätze berührt werden, ist unzulässig.
(4) Jedwede Ausnahmegesetzgebung im Bereich des Bundes oder der Länder tritt ungeachtet ihrer Erscheinungsform als förmliches Gesetz oder als Rechtsverordnung nach Ablauf von sechs Monaten seit ihrem Inkrafttreten außer Geltung, sofern nicht ein Volksentscheid im Anwendungsbereich der betroffenen Norm deren Fortgeltung für längstens weitere sechs Monate mit Zweidrittelmehrheit der abgegebenen Stimmen bestätigt. Eine inhaltsgleiche Erneuerung der Ausnahmegesetzgebung ist nur einmal möglich.[78]

Art. 80

(1) Durch Gesetz können die Bundesregierung, ein Bundesminister oder die Landesregierungen ermächtigt werden, Rechtsverordnungen zu erlassen. Dabei müssen Inhalt, Zweck und Ausmaß der erteilten Ermächtigung im Gesetze bestimmt werden. Die Rechtsgrundlage ist in der Verordnung anzugeben. Ist durch Gesetz vorgesehen, dass eine Ermächtigung weiter übertragen werden kann, so bedarf es zur Übertragung der Ermächtigung einer Rechtsverordnung. Eine Rechtsverordnung kann nur dann wirksam erlassen oder geändert werden, wenn sie mindestens eine Woche vor dem Inkrafttreten der neuen oder geänderten Regelung mit ihrem vollen Wortlaut von dem ranghöchsten gesetzlichen Vertreter der ermächtigten Stelle in einer der Öffentlichkeit allgemein zugänglichen Sitzung verlesen worden ist[79].
(2) Der Zustimmung des Bundesrates bedürfen, vorbehaltlich anderweitiger bundesgesetzlicher Regelung, Rechtsverordnungen der Bundesregierung oder eines Bundesministers über Grundsätze und Gebühren für die Benutzung der Einrichtungen des Postwesens und der Telekommunikation, über die Grundsätze der Erhebung des Entgelts

78 Der zu einer intensiveren Mitwirkung am Staatswesen aufgeforderte Souverän hat Sonderrecht zu gestatten.

79 Die für Gesetze vorgesehene Verlesungspflicht als Gültigkeitsvoraussetzung gilt auch für Rechtsverordnungen.

für die Benutzung der Einrichtungen der Eisenbahnen des Bundes, über den Bau und Betrieb der Eisenbahnen, sowie Rechtsverordnungen auf Grund von Bundesgesetzen, die der Zustimmung des Bundesrates bedürfen oder die von den Ländern im Auftrage des Bundes oder als eigene Angelegenheit ausgeführt werden.

(3) Der Bundesrat kann der Bundesregierung Vorlagen für den Erlass von Rechtsverordnungen zuleiten, die seiner Zustimmung bedürfen. Voraussetzung einer formgerechten Zuleitung nach dieser Vorschrift ist, dass die Vorlagen von dem Bundesrat in einer der Öffentlichkeit allgemein zugänglichen Sitzung in ihrem vollen Wortlaut verlesen werden[80].

(4) Soweit durch Bundesgesetz oder auf Grund von Bundesgesetzen Landesregierungen ermächtigt werden, Rechtsverordnungen zu erlassen, sind die Länder zu einer Regelung auch durch Gesetz befugt. Absatz 1 Satz 5 gilt entsprechend.[81]

Art. 80a

(1) Ist in diesem Grundgesetz oder in einem Bundesgesetz über die Verteidigung einschließlich des Schutzes der Zivilbevölkerung bestimmt, dass Rechtsvorschriften nur nach Maßgabe dieses Artikels angewandt werden dürfen, so ist die Anwendung außer im Verteidigungsfalle nur zulässig, wenn der Bundestag den Eintritt des Spannungsfalles festgestellt oder wenn er der Anwendung besonders zugestimmt hat. Die Feststellung des Spannungsfalles und die besondere Zustimmung in den Fällen des Artikels 12a Abs. 5 Satz 1 und Abs. 6 Satz 2 bedürfen einer Mehrheit von zwei Dritteln der abgegebenen Stimmen.

(2) Maßnahmen auf Grund von Rechtsvorschriften nach Absatz 1 sind aufzuheben, wenn der Bundestag es verlangt.

(3) Abweichend von Absatz 1 ist die Anwendung solcher Rechtsvorschriften auch auf der Grundlage und nach Maßgabe eines Beschlusses zulässig, der von einem internationalen Organ im Rahmen eines Bündnisvertrages mit Zustimmung der Bundesregierung gefasst wird. Maßnahmen nach diesem Absatz sind aufzuheben, wenn der Bundestag es mit der Mehrheit seiner Mitglieder verlangt.

---

80 Verlesung schafft auch hier die nötige Transparenz.

81 Auch Landesregierungen unterliegen bei Verordnungen der öffentlichen Verlesungspflicht.

Art. 81

(1) Wird im Falle des Artikels 68 der Bundestag nicht aufgelöst, so kann der Bundespräsident auf Antrag der Bundesregierung mit Zustimmung des Bundesrates für eine Gesetzesvorlage den Gesetzgebungsnotstand erklären, wenn der Bundestag sie ablehnt, obwohl die Bundesregierung sie als dringlich bezeichnet hat. Das gleiche gilt, wenn eine Gesetzesvorlage abgelehnt worden ist, obwohl der Bundeskanzler mit ihr den Antrag des Artikels 68 verbunden hatte.

(2) Lehnt der Bundestag die Gesetzesvorlage nach Erklärung des Gesetzgebungsnotstandes erneut ab oder nimmt er sie in einer für die Bundesregierung als unannehmbar bezeichneten Fassung an, so gilt das Gesetz als zustande gekommen, soweit der Bundesrat ihm zustimmt. Das gleiche gilt, wenn die Vorlage vom Bundestage nicht innerhalb von vier Wochen nach der erneuten Einbringung verabschiedet wird.

(3) Während der Amtszeit eines Bundeskanzlers kann auch jede andere vom Bundestage abgelehnte Gesetzesvorlage innerhalb einer Frist von sechs Monaten nach der ersten Erklärung des Gesetzgebungsnotstandes gemäß Absatz 1 und 2 verabschiedet werden. Nach Ablauf der Frist ist während der Amtszeit des gleichen Bundeskanzlers eine weitere Erklärung des Gesetzgebungsnotstandes unzulässig.

(4) Das Grundgesetz darf durch ein Gesetz, das nach Absatz 2 zustande kommt, weder geändert, noch ganz oder teilweise außer Kraft oder außer Anwendung gesetzt werden.

Art. 82

(1) Die nach den Vorschriften dieses Grundgesetzes zustande gekommenen Gesetze werden vom Bundespräsidenten nach Gegenzeichnung ausgefertigt und im Bundesgesetzblatt verkündet. Rechtsverordnungen werden von der Stelle, die sie erlässt, ausgefertigt und vorbehaltlich anderweitiger gesetzlicher Regelung im Bundesgesetzblatte verkündet.

(2) Jedes Gesetz und jede Rechtsverordnung soll den Tag des Inkrafttretens bestimmen. Fehlt eine solche Bestimmung, so treten sie mit dem vierzehnten Tage nach Ablauf des Tages in Kraft, an dem das Bundesgesetzblatt ausgegeben worden ist.

VIII.
Die Ausführung der Bundesgesetze und die Bundesverwaltung

Art. 83

Die Länder führen die Bundesgesetze als eigene Angelegenheit aus, soweit dieses Grundgesetz nichts anderes bestimmt oder zulässt.

Art. 84

(1) Führen die Länder die Bundesgesetze als eigene Angelegenheit aus, so regeln sie die Einrichtung der Behörden und das Verwaltungsverfahren. Wenn Bundesgesetze etwas anderes bestimmen, können die Länder davon abweichende Regelungen treffen. Hat ein Land eine abweichende Regelung nach Satz 2 getroffen, treten in diesem Land hierauf bezogene spätere bundesgesetzliche Regelungen der Einrichtung der Behörden und des Verwaltungsverfahrens frühestens sechs Monate nach ihrer Verkündung in Kraft, soweit nicht mit Zustimmung des Bundesrates anderes bestimmt ist. Artikel 72 Abs. 3 Satz 3 gilt entsprechend. In Ausnahmefällen kann der Bund wegen eines besonderen Bedürfnisses nach bundeseinheitlicher Regelung das Verwaltungsverfahren ohne Abweichungsmöglichkeit für die Länder regeln. Diese Gesetze bedürfen der Zustimmung des Bundesrates. Durch Bundesgesetz dürfen Gemeinden und Gemeindeverbänden Aufgaben nicht übertragen werden.
(2) Die Bundesregierung kann mit Zustimmung des Bundesrates allgemeine Verwaltungsvorschriften erlassen.
(3) Die Bundesregierung übt die Aufsicht darüber aus, dass die Länder die Bundesgesetze dem geltenden Rechte gemäß ausführen. Die Bundesregierung kann zu diesem Zwecke Beauftragte zu den obersten Landesbehörden entsenden, mit deren Zustimmung und, falls diese Zustimmung versagt wird, mit Zustimmung des Bundesrates auch zu den nachgeordneten Behörden.
(4) Werden Mängel, die die Bundesregierung bei der Ausführung der Bundesgesetze in den Ländern festgestellt hat, nicht beseitigt, so beschließt auf Antrag der Bundesregierung oder des Landes der Bundesrat, ob das Land das Recht verletzt hat. Gegen den Beschluss des Bundesrates kann das Bundesverfassungsgericht angerufen werden.
(5) Der Bundesregierung kann durch Bundesgesetz, das der Zustimmung des Bundesrates bedarf, zur Ausführung von Bundesgesetzen

die Befugnis verliehen werden, für besondere Fälle Einzelweisungen zu erteilen. Sie sind, außer wenn die Bundesregierung den Fall für dringlich erachtet, an die obersten Landesbehörden zu richten.

Art. 85

(1) Führen die Länder die Bundesgesetze im Auftrage des Bundes aus, so bleibt die Einrichtung der Behörden Angelegenheit der Länder, soweit nicht Bundesgesetze mit Zustimmung des Bundesrates etwas anderes bestimmen. Durch Bundesgesetz dürfen Gemeinden und Gemeindeverbänden Aufgaben nicht übertragen werden.
(2) Die Bundesregierung kann mit Zustimmung des Bundesrates allgemeine Verwaltungsvorschriften erlassen. Sie kann die einheitliche Ausbildung der Beamten und Angestellten regeln. Die Leiter der Mittelbehörden sind mit ihrem Einvernehmen zu bestellen.
(3) Die Landesbehörden unterstehen den Weisungen der zuständigen obersten Bundesbehörden. Die Weisungen sind, außer wenn die Bundesregierung es für dringlich erachtet, an die obersten Landesbehörden zu richten. Der Vollzug der Weisung ist durch die obersten Landesbehörden sicherzustellen.
(4) Die Bundesaufsicht erstreckt sich auf Gesetzmäßigkeit und Zweckmäßigkeit der Ausführung. Die Bundesregierung kann zu diesem Zwecke Bericht und Vorlage der Akten verlangen und Beauftragte zu allen Behörden entsenden.

Art. 86

Führt der Bund die Gesetze durch bundeseigene Verwaltung oder durch bundesunmittelbare Körperschaften oder Anstalten des öffentlichen Rechtes aus, so erlässt die Bundesregierung, soweit nicht das Gesetz Besonderes vorschreibt, die allgemeinen Verwaltungsvorschriften. Sie regelt, soweit das Gesetz nichts anderes bestimmt, die Einrichtung der Behörden.

Art. 87

(1) In bundeseigener Verwaltung mit eigenem Verwaltungsunterbau werden geführt der Auswärtige Dienst, die Bundesfinanzverwaltung und nach Maßgabe des Artikels 89 die Verwaltung der Bundeswasserstraßen und der Schifffahrt. Durch Bundesgesetz können Bundesgrenz-

schutzbehörden, Zentralstellen für das polizeiliche Auskunfts- und Nachrichtenwesen, für die Kriminalpolizei und zur Sammlung von Unterlagen für Zwecke des Verfassungsschutzes und des Schutzes gegen Bestrebungen im Bundesgebiet, die durch Anwendung von Gewalt oder darauf gerichtete Vorbereitungshandlungen auswärtige Belange der Bundesrepublik Deutschland gefährden, eingerichtet werden.
(2) Als bundesunmittelbare Körperschaften des öffentlichen Rechtes werden diejenigen sozialen Versicherungsträger geführt, deren Zuständigkeitsbereich sich über das Gebiet eines Landes hinaus erstreckt. Soziale Versicherungsträger, deren Zuständigkeitsbereich sich über das Gebiet eines Landes, aber nicht über mehr als drei Länder hinaus erstreckt, werden abweichend von Satz 1 als landesunmittelbare Körperschaften des öffentlichen Rechtes geführt, wenn das aufsichtführende Land durch die beteiligten Länder bestimmt ist.
(3) Außerdem können für Angelegenheiten, für die dem Bunde die Gesetzgebung zusteht, selbstständige Bundesoberbehörden und neue bundesunmittelbare Körperschaften und Anstalten des öffentlichen Rechtes durch Bundesgesetz errichtet werden. Erwachsen dem Bunde auf Gebieten, für die ihm die Gesetzgebung zusteht, neue Aufgaben, so können bei dringendem Bedarf bundeseigene Mittel- und Unterbehörden mit Zustimmung des Bundesrates und der Mehrheit der Mitglieder des Bundestages errichtet werden.

Art. 87a

(1) Der Bund stellt Streitkräfte zur Verteidigung auf. Ihre zahlenmäßige Stärke und die Grundzüge ihrer Organisation müssen sich aus dem Haushaltsplan ergeben.
(2) Außer zur Verteidigung dürfen die Streitkräfte nur eingesetzt werden, soweit dieses Grundgesetz es ausdrücklich zulässt.
(3) Die Streitkräfte haben im Verteidigungsfalle und im Spannungsfalle die Befugnis, zivile Objekte zu schützen und Aufgaben der Verkehrsregelung wahrzunehmen, soweit dies zur Erfüllung ihres Verteidigungsauftrages erforderlich ist. Außerdem kann den Streitkräften im Verteidigungsfalle und im Spannungsfalle der Schutz ziviler Objekte auch zur Unterstützung polizeilicher Maßnahmen übertragen werden; die Streitkräfte wirken dabei mit den zuständigen Behörden zusammen.
(4) Zur Abwehr einer drohenden Gefahr für den Bestand oder die freiheitliche demokratische Grundordnung des Bundes oder eines Landes kann die Bundesregierung, wenn die Voraussetzungen des

Artikels 91 Abs. 2 vorliegen und die Polizeikräfte sowie der Bundesgrenzschutz nicht ausreichen, Streitkräfte zur Unterstützung der Polizei und des Bundesgrenzschutzes beim Schutze von zivilen Objekten und bei der Bekämpfung organisierter und militärisch bewaffneter Aufständischer einsetzen. Der Einsatz von Streitkräften ist einzustellen, wenn der Bundestag oder der Bundesrat es verlangen.

Art. 87b

(1) Die Bundeswehrverwaltung wird in bundeseigener Verwaltung mit eigenem Verwaltungsunterbau geführt. Sie dient den Aufgaben des Personalwesens und der unmittelbaren Deckung des Sachbedarfs der Streitkräfte. Aufgaben der Beschädigtenversorgung und des Bauwesens können der Bundeswehrverwaltung nur durch Bundesgesetz, das der Zustimmung des Bundesrates bedarf, übertragen werden. Der Zustimmung des Bundesrates bedürfen ferner Gesetze, soweit sie die Bundeswehrverwaltung zu Eingriffen in Rechte Dritter ermächtigen; das gilt nicht für Gesetze auf dem Gebiete des Personalwesens.
(2) Im Übrigen können Bundesgesetze, die der Verteidigung einschließlich des Wehrersatzwesens und des Schutzes der Zivilbevölkerung dienen, mit Zustimmung des Bundesrates bestimmen, dass sie ganz oder teilweise in bundeseigener Verwaltung mit eigenem Verwaltungsunterbau oder von den Ländern im Auftrage des Bundes ausgeführt werden. Werden solche Gesetze von den Ländern im Auftrage des Bundes ausgeführt, so können sie mit Zustimmung des Bundesrates bestimmen, dass die der Bundesregierung und den zuständigen obersten Bundesbehörden auf Grund des Artikels 85 zustehenden Befugnisse ganz oder teilweise Bundesoberbehörden übertragen werden; dabei kann bestimmt werden, dass diese Behörden beim Erlass allgemeiner Verwaltungsvorschriften gemäß Artikel 85 Abs. 2 Satz 1 nicht der Zustimmung des Bundesrates bedürfen.

Art. 87c

Gesetze, die auf Grund des Artikels 73 Abs. 1 Nr. 14 ergehen, können mit Zustimmung des Bundesrates bestimmen, dass sie von den Ländern im Auftrage des Bundes ausgeführt werden.

Art. 87d

(1) Die Luftverkehrsverwaltung wird in Bundesverwaltung geführt. Aufgaben der Flugsicherung können auch durch ausländische Flugsicherungsorganisationen wahrgenommen werden, die nach Recht der Europäischen Gemeinschaft zugelassen sind. Das Nähere regelt ein Bundesgesetz.
(2) Durch Bundesgesetz, das der Zustimmung des Bundesrates bedarf, können Aufgaben der Luftverkehrsverwaltung den Ländern als Auftragsverwaltung übertragen werden.

Art. 87e

(1) Die Eisenbahnverkehrsverwaltung für Eisenbahnen des Bundes wird in bundeseigener Verwaltung geführt. Durch Bundesgesetz können Aufgaben der Eisenbahnverkehrsverwaltung den Ländern als eigene Angelegenheit übertragen werden.
(2) Der Bund nimmt die über den Bereich der Eisenbahnen des Bundes hinausgehenden Aufgaben der Eisenbahnverkehrsverwaltung wahr, die ihm durch Bundesgesetz übertragen werden.
(3) Eisenbahnen des Bundes werden als Wirtschaftsunternehmen in privat-rechtlicher Form geführt. Diese stehen im Eigentum des Bundes, soweit die Tätigkeit des Wirtschaftsunternehmens den Bau, die Unterhaltung und das Betreiben von Schienenwegen umfasst. Die Veräußerung von Anteilen des Bundes an den Unternehmen nach Satz 2 erfolgt auf Grund eines Gesetzes; die Mehrheit der Anteile an diesen Unternehmen verbleibt beim Bund. Das Nähere wird durch Bundesgesetz geregelt.
(4) Der Bund gewährleistet, dass dem Wohl der Allgemeinheit, insbesondere den Verkehrsbedürfnissen, beim Ausbau und Erhalt des Schienennetzes der Eisenbahnen des Bundes sowie bei deren Verkehrsangeboten auf diesem Schienennetz, soweit diese nicht den Schienenpersonennahverkehr betreffen, Rechnung getragen wird. Wenn und solange die Verkehrsbedürfnisse der Allgemeinheit nicht durch ein Eisenbahn-Schienennetz erfüllt sind, gewährleistet der Bund durch die Bereitstellung und Gestattung anderer Verkehrsangebote oder Verkehrsmöglichkeiten eine ungehinderte Aufrechterhaltung der allgemeinen Freizügigkeit nach den hergebrachten Grund-

sätzen des Individualverkehrs[82]. Das Nähere wird durch Bundesgesetz geregelt.
(5) Gesetze auf Grund der Absätze 1 bis 4 bedürfen der Zustimmung des Bundesrates. Der Zustimmung des Bundesrates bedürfen ferner Gesetze, die die Auflösung, die Verschmelzung und die Aufspaltung von Eisenbahnunternehmen des Bundes, die Übertragung von Schienenwegen der Eisenbahnen des Bundes an Dritte sowie die Stilllegung von Schienenwegen der Eisenbahnen des Bundes regeln oder Auswirkungen auf den Schienenpersonennahverkehr haben.

Art. 87f

(1) Nach Maßgabe eines Bundesgesetzes, das der Zustimmung des Bundesrates bedarf, gewährleistet der Bund im Bereich des Postwesens und der Telekommunikation flächendeckend angemessene und ausreichende Dienstleistungen. Der von dem Bund zu gewährleistende Post- und Telekommunikationsverkehr umfasst insbesondere auch das aufrechtzuerhaltende Recht aller Dienstberechtigten, jederzeit auf nicht-digitale, analoge Kommunikationswege der Dienstleister zurückgreifen zu können[83].
(2) Dienstleistungen im Sinne des Absatzes 1 werden als privatwirtschaftliche Tätigkeiten durch die aus dem Sondervermögen Deutsche Bundespost hervorgegangenen Unternehmen und durch andere private Anbieter erbracht. Hoheitsaufgaben im Bereich des Postwesens und der Telekommunikation werden in bundeseigener Verwaltung ausgeführt.
(3) Unbeschadet des Absatzes 2 Satz 2 führt der Bund in der Rechtsform einer bundesunmittelbaren Anstalt des öffentlichen Rechts einzelne Aufgaben in Bezug auf die aus dem Sondervermögen Deutsche Bundespost hervorgegangenen Unternehmen nach Maßgabe eines Bundesgesetzes aus.

---

82 Wo Eisenbahnen als öffentliche Verkehrsmittel nicht oder noch nicht den allgemeinen Verkehrsbedarf decken, hat der Bund den herkömmlichen Individualverkehr ungehindert zu dulden und zu ermöglichen.

83 Die Verpflichtung des Bundes zur Aufrechterhaltung einer nicht-digitalen Kommunikationsstruktur flankiert das datenschutzrechtlich gebotene Individualrecht eines jeden Bürgers auf nicht-digitale Verwaltung seiner Daten durch den Staat.

Art. 88

Der Bund errichtet eine Währungs- und Notenbank als Bundesbank. Ihre Aufgaben und Befugnisse können im Rahmen der Europäischen Union der Europäischen Zentralbank übertragen werden, wenn und solange sie[84] unabhängig ist und dem vorrangigen Ziel der Sicherung der Preisstabilität verpflichtet. Stellen die Bundesbank oder die Bundesregierung fest, dass die Europäische Zentralbank den Anforderungen an ihre Unabhängigkeit oder ihrer Verpflichtung zur Preisstabilität nicht mehr genügt, haben sie den Bundestag unverzüglich zu einer Rückübertragung der Aufgaben auf die Bundesbank aufzufordern. Die Rückübertragung wie auch eine Zurückweisung der Aufforderung erfolgen durch zustimmungsfreies Bundesgesetz[85].

Art. 89

(1) Der Bund ist Eigentümer der bisherigen Reichswasserstraßen.
(2) Der Bund verwaltet die Bundeswasserstraßen durch eigene Behörden. Er nimmt die über den Bereich eines Landes hinausgehenden staatlichen Aufgaben der Binnenschifffahrt und die Aufgaben der Seeschifffahrt wahr, die ihm durch Gesetz übertragen werden. Er kann die Verwaltung von Bundeswasserstraßen, soweit sie im Gebiete eines Landes liegen, diesem Lande auf Antrag als Auftragsverwaltung übertragen. Berührt eine Wasserstraße das Gebiet mehrerer Länder, so kann der Bund das Land beauftragen, für das die beteiligten Länder es beantragen.
(3) Bei der Verwaltung, dem Ausbau und dem Neubau von Wasserstraßen sind die Bedürfnisse der Landeskultur und der Wasserwirtschaft im Einvernehmen mit den Ländern zu wahren.

84 Die Befugnisse der Bundesbank sind der Europäischen Zentralbank nur dann, nur solange und nur für den Fall übertragen, dass sie unabhängig und der Preisstabilität verpflichtet ist.

85 Um sicherzustellen, dass der durch seine Abgeordneten vertretene Souverän hinreichend kompetent über die hier zur Entscheidung stehende Frage unterrichtet ist, liegt der Beurteilung dieser Sachfrage durch die Parlamentarier eine sachkundige Aufforderung durch Bundesbank und/oder Bundesregierung zugrunde.

Art. 90

(1) Der Bund bleibt Eigentümer der Bundesautobahnen und sonstigen Bundesstraßen des Fernverkehrs. Das Eigentum ist unveräußerlich und verpflichtet zu einer hindernisfreien Aufrechterhaltung der Straßennutzung unter Berücksichtigung der hergebrachten Grundsätze des deutschen Bundesautobahn- und Bundesstraßenverkehrs[86].
(2) Die Verwaltung der Bundesautobahnen wird in Bundesverwaltung geführt. Der Bund kann sich zur Erledigung seiner Aufgaben einer Gesellschaft privaten Rechts bedienen. Diese Gesellschaft steht im unveräußerlichen Eigentum des Bundes. Eine unmittelbare oder mittelbare Beteiligung Dritter an der Gesellschaft und deren Tochtergesellschaften ist ausgeschlossen. Eine Beteiligung Privater im Rahmen von Öffentlich-Privaten Partnerschaften ist ausgeschlossen für Streckennetze, die das gesamte Bundesautobahnnetz oder das gesamte Netz sonstiger Bundesfernstraßen in einem Land oder wesentliche Teile davon umfassen. Das Nähere regelt ein Bundesgesetz.
(3) Die Länder oder die nach Landesrecht zuständigen Selbstverwaltungskörperschaften verwalten die sonstigen Bundesstraßen des Fernverkehrs im Auftrage des Bundes.
(4) Auf Antrag eines Landes kann der Bund die sonstigen Bundesstraßen des Fernverkehrs, soweit sie im Gebiet dieses Landes liegen, in Bundesverwaltung übernehmen.

Art. 91

(1) Zur Abwehr einer drohenden Gefahr für den Bestand oder die freiheitliche demokratische Grundordnung des Bundes oder eines Landes kann ein Land Polizeikräfte anderer Länder sowie Kräfte und Einrichtungen anderer Verwaltungen und des Bundesgrenzschutzes anfordern.
(2) Ist das Land, in dem die Gefahr droht, nicht selbst zur Bekämpfung der Gefahr bereit oder in der Lage, so kann die Bundesregierung die Polizei in diesem Lande und die Polizeikräfte anderer Länder ihren Weisungen unterstellen sowie Einheiten des Bundesgrenzschutzes einsetzen. Die Anordnung ist nach Beseitigung der Gefahr, im Übrigen jederzeit auf Verlangen des Bundesrates aufzuheben. Erstreckt sich die Gefahr auf das Gebiet mehr als eines Landes, so kann die Bun-

86 Maßnahmen, die nicht der seit jeher geübten Bundesstraßennutzung entsprächen, wären unstatthaft.

desregierung, soweit es zur wirksamen Bekämpfung erforderlich ist, den Landesregierungen Weisungen erteilen; Satz 1 und Satz 2 bleiben unberührt.

VIIIa. Gemeinschaftsaufgaben, Verwaltungszusammenarbeit

Art. 91a

(1) Der Bund wirkt auf folgenden Gebieten bei der Erfüllung von Aufgaben der Länder mit, wenn diese Aufgaben für die Gesamtheit bedeutsam sind und die Mitwirkung des Bundes zur Verbesserung der Lebensverhältnisse nachweislich[87] erforderlich ist (Gemeinschaftsaufgaben):

1. Verbesserung der regionalen Wirtschaftsstruktur,
2. Verbesserung der Agrarstruktur und des Küstenschutzes.

(2) Durch Bundesgesetz mit Zustimmung des Bundesrates werden die Gemeinschaftsaufgaben sowie Einzelheiten der Koordinierung näher bestimmt.

(3) Der Bund trägt in den Fällen des Absatzes 1 Nr. 1 die Hälfte der Ausgaben in jedem Land. In den Fällen des Absatzes 1 Nr. 2 trägt der Bund mindestens die Hälfte; die Beteiligung ist für alle Länder einheitlich festzusetzen. Das Nähere regelt das Gesetz. Die Bereitstellung der Mittel bleibt der Feststellung in den Haushaltsplänen des Bundes und der Länder vorbehalten.

Art. 91b

(1) Bund und Länder können auf Grund von Vereinbarungen in Fällen überregionaler Bedeutung bei der Förderung von Wissenschaft, Forschung und Lehre zusammenwirken. Vereinbarungen, die im Schwerpunkt Hochschulen betreffen, bedürfen der Zustimmung aller Länder und haben denjenigen als Ersatzpflichtigen zu benennen, der den Kostenträgern für den Fall einer verfehlten Zweckerreichung

87 Es reichen keine Prognosen oder Spekulationen über die Erforderlichkeit in diesem Sinne, sondern nur ein definitiver Nachweis.

der Zusammenarbeit die vergeblichen Aufwendungen ersetzt[88]. Dies gilt nicht für Vereinbarungen über Forschungsbauten einschließlich Großgeräten.
(2) Bund und Länder können auf Grund von Vereinbarungen zur Feststellung der Leistungsfähigkeit des Bildungswesens im internationalen Vergleich und bei diesbezüglichen Berichten und Empfehlungen zusammenwirken.
(3) Die Kostentragung wird in der Vereinbarung geregelt.

Art. 91c

(1) Bund und Länder können bei der Planung, der Errichtung und dem Betrieb der für ihre Aufgabenerfüllung benötigten informationstechnischen Systeme zusammenwirken.
(2) Bund und Länder können auf Grund von Vereinbarungen die für die Kommunikation zwischen ihren informationstechnischen Systemen notwendigen Standards und Sicherheitsanforderungen festlegen. Vereinbarungen über die Grundlagen der Zusammenarbeit nach Satz 1 können für einzelne nach Inhalt und Ausmaß bestimmte Aufgaben vorsehen, dass nähere Regelungen bei Zustimmung einer in der Vereinbarung zu bestimmenden qualifizierten Mehrheit für Bund und Länder in Kraft treten. Sie bedürfen der Zustimmung des Bundestages und der Volksvertretungen der beteiligten Länder; das Recht zur Kündigung dieser Vereinbarungen kann nicht ausgeschlossen werden. Die Vereinbarungen regeln auch die Kostentragung einschließlich der Ersatzverpflichtungen für den Fall, dass sich ein ausersehenes Zusammenwirken nicht plangerecht verwirklichen ließ[89].
(3) Die Länder können darüber hinaus den gemeinschaftlichen Betrieb informationstechnischer Systeme sowie die Errichtung von dazu bestimmten Einrichtungen vereinbaren.
(4) Der Bund errichtet zur Verbindung der informationstechnischen Netze des Bundes und der Länder ein Verbindungsnetz. Das Nähere zur Errichtung und zum Betrieb des Verbindungsnetzes regelt ein Bundesgesetz mit Zustimmung des Bundesrates.

---

88 Die Kostenersatzpflicht bei Scheitern der als sinnvoll prognostizierten Kooperation stärkt die Qualität des ausersehenen und praktizierten Zusammenwirkens.

89 Ersatzverpflichtungen stärken die Qualität bei der Prognostik.

(5) Der übergreifende informationstechnische Zugang zu den Verwaltungsleistungen von Bund und Ländern wird durch Bundesgesetz mit Zustimmung des Bundesrates geregelt.

Art. 91d

Bund und Länder können zur Feststellung und Förderung der Leistungsfähigkeit ihrer Verwaltungen Vergleichsstudien durchführen und die Ergebnisse veröffentlichen, sofern die Finanzierung dieser Studien und ihrer Veröffentlichung zum Zeitpunkt der Entschließung über ihre Durchführung vollständig aus bereits vereinnahmten Haushaltsmitteln sichergestellt ist[90].

Art. 91e

(1) Bei der Ausführung von Bundesgesetzen auf dem Gebiet der Grundsicherung für Arbeitsuchende wirken Bund und Länder oder die nach Landesrecht zuständigen Gemeinden und Gemeindeverbände in der Regel in gemeinsamen Einrichtungen zusammen.
(2) Der Bund kann zulassen, dass eine begrenzte Anzahl von Gemeinden und Gemeindeverbänden auf ihren Antrag und mit Zustimmung der obersten Landesbehörde die Aufgaben nach Absatz 1 allein wahrnimmt. Die notwendigen Ausgaben einschließlich der Verwaltungsausgaben trägt der Bund, soweit die Aufgaben bei einer Ausführung von Gesetzen nach Absatz 1 vom Bund wahrzunehmen sind.
(3) Das Nähere regelt ein Bundesgesetz, das der Zustimmung des Bundesrates bedarf.

IX.
Die Rechtsprechung

Art. 92

Die rechtsprechende Gewalt ist den Richtern anvertraut; sie wird durch das Bundesverfassungsgericht, durch die in diesem Grundgesetze vorgesehenen Bundesgerichte und durch die Gerichte der Länder ausgeübt.

---

90 Der Finanzierungsvorbehalt dient der Haushaltskontrolle.

Art. 93

(1) Das Bundesverfassungsgericht entscheidet:

1. über die Auslegung dieses Grundgesetzes aus Anlass von Streitigkeiten über den Umfang der Rechte und Pflichten eines obersten Bundesorgans oder anderer Beteiligter, die durch dieses Grundgesetz oder in der Geschäftsordnung eines obersten Bundesorgans mit eigenen Rechten ausgestattet sind;
2. bei Meinungsverschiedenheiten oder Zweifeln über die förmliche und sachliche Vereinbarkeit von Bundesrecht oder Landesrecht mit diesem Grundgesetze oder die Vereinbarkeit von Landesrecht mit sonstigem Bundesrechte auf Antrag der Bundesregierung, einer Landesregierung oder eines Viertels der Mitglieder des Bundestages;

2a. bei Meinungsverschiedenheiten, ob ein Gesetz den Voraussetzungen des Artikels 72 Abs. 2 entspricht, auf Antrag des Bundesrates, einer Landesregierung oder der Volksvertretung eines Landes;

3. bei Meinungsverschiedenheiten über Rechte und Pflichten des Bundes und der Länder, insbesondere bei der Ausführung von Bundesrecht durch die Länder und bei der Ausübung der Bundesaufsicht;
4. in anderen öffentlich-rechtlichen Streitigkeiten zwischen dem Bunde und den Ländern, zwischen verschiedenen Ländern oder innerhalb eines Landes, soweit nicht ein anderer Rechtsweg gegeben ist;

4a. über Verfassungsbeschwerden, die von jedermann mit der Behauptung erhoben werden können, durch die öffentliche Gewalt in einem seiner Grundrechte oder in einem seiner in Artikel 20 Abs. 4, 33, 38, 101, 103 und 104 enthaltenen Rechte verletzt zu sein;

4b. über Verfassungsbeschwerden von Gemeinden und Gemeindeverbänden wegen Verletzung des Rechts auf Selbstverwaltung nach Artikel 28 durch ein Gesetz, bei Landesgesetzen jedoch nur, soweit nicht Beschwerde beim Landesverfassungsgericht erhoben werden kann;

4c. über Beschwerden von Vereinigungen gegen ihre Nichtanerkennung als Partei für die Wahl zum Bundestag;

4d. über den Vorwurf eines verfassungswidrigen Verhaltens des Bundeskanzlers oder eines Bundesministers mitsamt einer Nachfolgeregelung, sofern wenigstens 500.000 wahlberechtigte Bundesbürger dies übereinstimmend beantragen[91];

5. in den übrigen in diesem Grundgesetze vorgesehenen Fällen.

---

91 Die Regelung ergänzt und vertieft das allgemeine Petitionsrecht aus Art. 17 GG.

(2) Das Bundesverfassungsgericht entscheidet außerdem auf Antrag des Bundesrates, einer Landesregierung oder der Volksvertretung eines Landes, ob im Falle des Artikels 72 Abs. 4 die Erforderlichkeit für eine bundesgesetzliche Regelung nach Artikel 72 Abs. 2 nicht mehr besteht oder Bundesrecht in den Fällen des Artikels 125a Abs. 2 Satz 1 nicht mehr erlassen werden könnte. Die Feststellung, dass die Erforderlichkeit entfallen ist oder Bundesrecht nicht mehr erlassen werden könnte, ersetzt ein Bundesgesetz nach Artikel 72 Abs. 4 oder nach Artikel 125a Abs. 2 Satz 2. Der Antrag nach Satz 1 ist nur zulässig, wenn eine Gesetzesvorlage nach Artikel 72 Abs. 4 oder nach Artikel 125a Abs. 2 Satz 2 im Bundestag abgelehnt oder über sie nicht innerhalb eines Jahres beraten und Beschluss gefasst oder wenn eine entsprechende Gesetzesvorlage im Bundesrat abgelehnt worden ist.
(3) Das Bundesverfassungsgericht wird ferner in den ihm sonst durch Bundesgesetz zugewiesenen Fällen tätig.

Art. 94

(1) Das Bundesverfassungsgericht besteht aus Bundesrichtern und anderen Mitgliedern. Die Mitglieder des Bundesverfassungsgerichtes werden zu je einem Drittel vom Bundestage, vom Bundesrate und vom Volk unmittelbar gewählt[92]. Sie dürfen weder dem Bundestage, dem Bundesrate, der Bundesregierung noch entsprechenden Organen eines Landes angehören oder während der vergangenen sechs Kalenderjahre angehört haben[93].
(2) Ein Bundesgesetz regelt seine Verfassung und das Verfahren und bestimmt, in welchen Fällen seine Entscheidungen Gesetzeskraft haben. Es kann für Verfassungsbeschwerden die vorherige Erschöpfung des Rechtsweges zur Voraussetzung machen und ein besonderes Annahmeverfahren vorsehen.

---

92 Anstelle der bisher hälftigen Besetzung des Bundesverfassungsgerichtes durch die Wahl von Bundestag und Bundesrat wird künftig jede dritte Richterstelle vom Volk unmittelbar nachbesetzt. Dies stärkt die demokratische Legitimation des Gerichtes, ermutigt die Wählerschaft zu einer Beschäftigung mit Fragen des Verfassungsrechtes und intensiviert die andernorts übliche Kontrolle der Justiz durch die Öffentlichkeit auch auf dieser Gerichtsebene.

93 Der Zusatz über eine Unvereinbarkeit des Richteramtes im Bundesverfassungsgericht auch mit einer vorherigen Tätigkeit in den dort genannten anderen Organen stärkt die Unabhängigkeit des Gerichtes.

Art. 95

(1) Für die Gebiete der ordentlichen, der Verwaltungs-, der Finanz-, der Arbeits- und der Sozialgerichtsbarkeit errichtet der Bund als oberste Gerichtshöfe den Bundesgerichtshof, das Bundesverwaltungsgericht, den Bundesfinanzhof, das Bundesarbeitsgericht und das Bundessozialgericht.
(2) Über die Berufung der Richter dieser Gerichte entscheidet der für das jeweilige Sachgebiet zuständige Bundesminister gemeinsam mit einem Richterwahlausschuss, der aus den für das jeweilige Sachgebiet zuständigen Ministern der Länder und einer gleichen Anzahl von Mitgliedern besteht, die vom Bundestage gewählt werden.
(3) Zur Wahrung der Einheitlichkeit der Rechtsprechung ist ein Gemeinsamer Senat der in Absatz 1 genannten Gerichte zu bilden. Das Nähere regelt ein Bundesgesetz.

Art. 96

(1) Der Bund kann für Angelegenheiten des gewerblichen Rechtsschutzes ein Bundesgericht errichten.
(2) Der Bund kann Wehrstrafgerichte für die Streitkräfte als Bundesgerichte errichten. Sie können die Strafgerichtsbarkeit nur im Verteidigungsfalle sowie über Angehörige der Streitkräfte ausüben, die in das Ausland entsandt oder an Bord von Kriegsschiffen eingeschifft sind. Das Nähere regelt ein Bundesgesetz. Diese Gerichte gehören zum Geschäftsbereich des Bundesjustizministers. Ihre hauptamtlichen Richter müssen die Befähigung zum Richteramt haben.
(3) Oberster Gerichtshof für die in Absatz 1 und 2 genannten Gerichte ist der Bundesgerichtshof.
(4) Der Bund kann für Personen, die zu ihm in einem öffentlich-rechtlichen Dienstverhältnis stehen, Bundesgerichte zur Entscheidung in Disziplinarverfahren und Beschwerdeverfahren errichten.
(5) Für Strafverfahren auf den folgenden Gebieten kann ein Bundesgesetz mit Zustimmung des Bundesrates vorsehen, dass Gerichte der Länder Gerichtsbarkeit des Bundes ausüben:

1. Völkermord;
2. völkerstrafrechtliche Verbrechen gegen die Menschlichkeit;
3. Kriegsverbrechen;
4. andere Handlungen, die geeignet sind und in der Absicht vorgenommen werden, das friedliche Zusammenleben der Völker zu stören (Artikel 26 Abs. 1);
5. Staatsschutz.

Art. 97

(1) Die Richter sind unabhängig und nur dem Gesetze unterworfen.
(2) Die hauptamtlich und planmäßig endgültig angestellten Richter können wider ihren Willen nur kraft richterlicher Entscheidung und nur aus Gründen und unter den Formen, welche die Gesetze bestimmen, vor Ablauf ihrer Amtszeit entlassen oder dauernd oder zeitweise ihres Amtes enthoben oder an eine andere Stelle oder in den Ruhestand versetzt werden. Die Gesetzgebung kann Altersgrenzen festsetzen, bei deren Erreichung auf Lebenszeit angestellte Richter in den Ruhestand treten. Bei Veränderung der Einrichtung der Gerichte oder ihrer Bezirke können Richter an ein anderes Gericht versetzt oder aus dem Amte entfernt werden, jedoch nur unter Belassung des vollen Gehaltes.

Art. 98

(1) Die Rechtsstellung der Bundesrichter ist durch besonderes Bundesgesetz zu regeln.
(2) Wenn ein Bundesrichter im Amte oder außerhalb des Amtes gegen die Grundsätze des Grundgesetzes oder gegen die verfassungsmäßige Ordnung eines Landes verstößt, so kann das Bundesverfassungsgericht mit Zweidrittelmehrheit auf Antrag des Bundestages anordnen, dass der Richter in ein anderes Amt oder in den Ruhestand zu versetzen ist. Im Falle eines vorsätzlichen Verstoßes kann auf Entlassung erkannt werden.
(3) Die Rechtsstellung der Richter in den Ländern ist durch besondere Landesgesetze zu regeln, soweit Artikel 74 Abs. 1 Nr. 27 nichts anderes bestimmt.
(4) Die Länder können bestimmen, dass über die Anstellung der Richter in den Ländern der Landesjustizminister gemeinsam mit einem Richterwahlausschuss entscheidet.
(5) Die Länder können für Landesrichter eine Absatz 2 entsprechende Regelung treffen. Geltendes Landesverfassungsrecht bleibt unberührt. Die Entscheidung über eine Richteranklage steht dem Bundesverfassungsgericht zu.

Art. 99

Dem Bundesverfassungsgerichte kann durch Landesgesetz die Entscheidung von Verfassungsstreitigkeiten innerhalb eines Landes, den in Artikel 95 Abs. 1 genannten obersten Gerichtshöfen für den letzten Rechtszug die Entscheidung in solchen Sachen zugewiesen werden, bei denen es sich um die Anwendung von Landesrecht handelt.

Art. 100

(1) Hält ein Gericht ein Gesetz, auf dessen Gültigkeit es bei der Entscheidung ankommt, für verfassungswidrig, so ist das Verfahren auszusetzen und, wenn es sich um die Verletzung der Verfassung eines Landes handelt, die Entscheidung des für Verfassungsstreitigkeiten zuständigen Gerichtes des Landes, wenn es sich um die Verletzung dieses Grundgesetzes handelt, die Entscheidung des Bundesverfassungsgerichtes einzuholen. Dies gilt auch, wenn es sich um die Verletzung dieses Grundgesetzes durch Landesrecht oder um die Unvereinbarkeit eines Landesgesetzes mit einem Bundesgesetze handelt.
(2) Ist in einem Rechtsstreite zweifelhaft, ob eine Regel des Völkerrechtes Bestandteil des Bundesrechtes ist und ob sie unmittelbar Rechte und Pflichten für den Einzelnen erzeugt (Artikel 25), so hat das Gericht die Entscheidung des Bundesverfassungsgerichtes einzuholen.
(3) Will das Verfassungsgericht eines Landes bei der Auslegung des Grundgesetzes von einer Entscheidung des Bundesverfassungsgerichtes oder des Verfassungsgerichtes eines anderen Landes abweichen, so hat das Verfassungsgericht die Entscheidung des Bundesverfassungsgerichtes einzuholen.

Art. 101

(1) Ausnahmegerichte sind unzulässig. Niemand darf seinem gesetzlichen Richter entzogen werden.
(2) Gerichte für besondere Sachgebiete können nur durch Gesetz errichtet werden.
(3) Lehnen die Parteien eines gerichtlichen Rechtstreites einen nach dem Geschäftsverteilungsplan zuständigen Richter übereinstimmend ab, so hat dessen bei Eingang des Ablehnungsgesuches zuständiger Vertreter die Fortführung und Entscheidung des Streitfalles zu übernehmen[94].

---

94 Parteien, die trotz ihres Streites im Übrigen einen Richter gemeinschaftlich ablehnen, müssen dessen weitere Tätigkeit nicht hinnehmen.

Art. 102

Die Todesstrafe ist abgeschafft.

Art. 103

(1) Vor Gericht hat jedermann Anspruch auf rechtliches Gehör.
(2) Eine Tat kann nur bestraft werden, wenn die Strafbarkeit gesetzlich bestimmt war, bevor die Tat begangen wurde. Eine Verweisung von Straftatbeständen auf Normen außerhalb der die Strafbarkeit bestimmenden Vorschrift steht der Strafbarkeit nur dann nicht entgegen, wenn die Norm, auf die verwiesen wird, mit ihrem vollen Wortlaut in Bundestag oder Bundesrat verlesen worden war. Das gleiche gilt für Tatbestände, die Ordnungswidrigkeiten beschreiben[95].
(3) Niemand darf wegen derselben Tat auf Grund der allgemeinen Strafgesetze mehrmals bestraft werden.

Art. 104

(1) Die Freiheit der Person kann nur auf Grund eines förmlichen Gesetzes und nur unter Beachtung der darin vorgeschriebenen Formen beschränkt werden. Festgehaltene Personen dürfen weder seelisch noch körperlich misshandelt werden.
(2) Über die Zulässigkeit und Fortdauer einer Freiheitsentziehung hat nur der Richter zu entscheiden. Bei jeder nicht auf richterlicher Anordnung beruhenden Freiheitsentziehung ist unverzüglich eine richterliche Entscheidung herbeizuführen. Die Polizei darf aus eigener Machtvollkommenheit niemanden länger als bis zum Ende des Tages nach dem Ergreifen in eigenem Gewahrsam halten. Das Nähere ist gesetzlich zu regeln.
(3) Jeder wegen des Verdachtes einer strafbaren Handlung vorläufig Festgenommene ist spätestens am Tage nach der Festnahme dem Richter vorzuführen, der ihm die Gründe der Festnahme mitzuteilen, ihn zu vernehmen und ihm Gelegenheit zu Einwendungen zu geben hat. Der Richter hat unverzüglich entweder einen mit Gründen ver-

---

95 Straftatbestände sind nur dann hinreichend bestimmt, wenn die gesamte von ihnen beschriebene Handlung vor einem Vertretungsorgan verlesen und danach von ihm beschlossen wurde; ausgeschlossen wird so, dass Verhaltensweisen bestraft werden können, die den Volksvertretern nicht positiv bekannt waren.

sehenen schriftlichen Haftbefehl zu erlassen oder die Freilassung anzuordnen.
(4) Von jeder richterlichen Entscheidung über die Anordnung oder Fortdauer einer Freiheitsentziehung ist unverzüglich ein Angehöriger des Festgehaltenen oder eine Person seines Vertrauens zu benachrichtigen.

X.
Das Finanzwesen

Art. 104a

(1) Der Bund und die Länder tragen gesondert die Ausgaben, die sich aus der Wahrnehmung ihrer Aufgaben ergeben, soweit dieses Grundgesetz nichts anderes bestimmt.
(2) Handeln die Länder im Auftrage des Bundes, trägt der Bund die sich daraus ergebenden Ausgaben.
(3) Bundesgesetze, die Geldleistungen gewähren und von den Ländern ausgeführt werden, können bestimmen, dass die Geldleistungen ganz oder zum Teil vom Bund getragen werden. Bestimmt das Gesetz, dass der Bund die Hälfte der Ausgaben oder mehr trägt, wird es im Auftrage des Bundes durchgeführt.
(4) Bundesgesetze, die Pflichten der Länder zur Erbringung von Geldleistungen, geldwerten Sachleistungen oder vergleichbaren Dienstleistungen gegenüber Dritten begründen und von den Ländern als eigene Angelegenheit oder nach Absatz 3 Satz 2 im Auftrag des Bundes ausgeführt werden, bedürfen der Zustimmung des Bundesrates, wenn daraus entstehende Ausgaben von den Ländern zu tragen sind.
(5) Der Bund und die Länder tragen die bei ihren Behörden entstehenden Verwaltungsausgaben und haften im Verhältnis zueinander für eine ordnungsmäßige Verwaltung. Das Nähere bestimmt ein Bundesgesetz, das der Zustimmung des Bundesrates bedarf.
(6) Bund und Länder tragen nach der innerstaatlichen Zuständigkeits- und Aufgabenverteilung die Lasten einer Verletzung von supranationalen oder völkerrechtlichen Verpflichtungen Deutschlands. In Fällen länderübergreifender Finanzkorrekturen der Europäischen Union tragen Bund und Länder diese Lasten im Verhältnis 15 zu 85. Die Ländergesamtheit trägt in diesen Fällen solidarisch 35 vom Hundert der Gesamtlasten entsprechend einem allgemeinen Schlüssel;

50 vom Hundert der Gesamtlasten tragen die Länder, die die Lasten verursacht haben, anteilig entsprechend der Höhe der erhaltenen Mittel. Das Nähere regelt ein Bundesgesetz, das der Zustimmung des Bundesrates bedarf.

Art. 104b

(1) Der Bund kann, soweit dieses Grundgesetz ihm Gesetzgebungsbefugnisse verleiht, den Ländern Finanzhilfen für besonders bedeutsame Investitionen der Länder und der Gemeinden (Gemeindeverbände) gewähren, die

1. zur Abwehr einer Störung des gesamtwirtschaftlichen Gleichgewichts oder
2. zum Ausgleich unterschiedlicher Wirtschaftskraft im Bundesgebiet oder
3. zur Förderung des wirtschaftlichen Wachstums nachweislich[96] erforderlich sind. Abweichend von Satz 1 kann der Bund im Falle von Naturkatastrophen oder außergewöhnlichen Notsituationen, die sich der Kontrolle des Staates entziehen und die staatliche Finanzlage erheblich beeinträchtigen, auch ohne Gesetzgebungsbefugnisse Finanzhilfen gewähren.

(2) Das Nähere, insbesondere die Arten der zu fördernden Investitionen, wird durch Bundesgesetz, das der Zustimmung des Bundesrates bedarf, oder auf Grund des Bundeshaushaltsgesetzes durch Verwaltungsvereinbarung geregelt. Das Bundesgesetz oder die Verwaltungsvereinbarung kann Bestimmungen über die Ausgestaltung der jeweiligen Länderprogramme zur Verwendung der Finanzhilfen vorsehen. Die Festlegung der Kriterien für die Ausgestaltung der Länderprogramme erfolgt im Einvernehmen mit den betroffenen Ländern. Zur Gewährleistung der zweckentsprechenden Mittelverwendung kann die Bundesregierung Bericht und Vorlage der Akten verlangen und Erhebungen bei allen Behörden durchführen. Die Mittel des Bundes werden zusätzlich zu eigenen Mitteln der Länder bereitgestellt. Sie sind befristet zu gewähren und hinsichtlich ihrer Verwendung in regelmäßigen Zeitabständen zu überprüfen. Die Finanzhilfen sind im Zeitablauf mit fallenden Jahresbeträgen zu gestalten.

(3) Bundestag, Bundesregierung und Bundesrat sind auf Verlangen

---

96 Die Erforderlichkeit dieser Hilfen muss nachgewiesen sein, nicht nur prognostiziert.

über die Durchführung der Maßnahmen und die erzielten Verbesserungen zu unterrichten. Erweist sich, dass eine nach den Bestimmungen dieses Artikels gewährte Finanzhilfe ihren Zweck nicht wie prognostiziert erreicht hat, so hat die empfangende Stelle dem die Unterrichtung fordernden Bundestag, der Bundesregierung oder dem Bundesrat den zweckfehlerhaft empfangenen Betrag herauszugeben[97].

Art. 104c

Der Bund kann den Ländern Finanzhilfen für gesamtstaatlich bedeutsame Investitionen sowie besondere, mit diesen unmittelbar verbundene, befristete Ausgaben der Länder und Gemeinden (Gemeindeverbände) zur Steigerung der Leistungsfähigkeit der kommunalen Bildungsinfrastruktur gewähren. Artikel 104b Absatz 2 Satz 1 bis 3, 5, 6 und Absatz 3 gilt entsprechend. Zur Gewährleistung der zweckentsprechenden Mittelverwendung kann die Bundesregierung Berichte und anlassbezogen die Vorlage von Akten verlangen. Artikel 104b Absatz 3 Satz 2 gilt entsprechend[98].

Art. 104d

Der Bund kann den Ländern Finanzhilfen für gesamtstaatlich bedeutsame Investitionen der Länder und Gemeinden (Gemeindeverbände) im Bereich des sozialen Wohnungsbaus gewähren. Artikel 104b Absatz 2 Satz 1 bis 5 sowie Absatz 3 gilt entsprechend.

Art. 105

(1) Der Bund hat die ausschließliche Gesetzgebung über die Zölle und Finanzmonopole.
(2) Der Bund hat die konkurrierende Gesetzgebung über die Grundsteuer. Er hat die konkurrierende Gesetzgebung über die übrigen Steuern, wenn ihm das Aufkommen dieser Steuern ganz oder zum Teil zusteht oder die Voraussetzungen des Artikels 72 Abs. 2 vorliegen.
(2a) Die Länder haben die Befugnis zur Gesetzgebung über die örtlichen Verbrauch- und Aufwandsteuern, solange und soweit sie nicht

97 Der Kondiktionsanspruch nach diesem Absatz stärkt das System der checks and balances der beteiligten Stellen.

98 Auch hier gilt: Kondiktionsrecht stärkt checks and balances.

bundesgesetzlich geregelten Steuern gleichartig sind. Sie haben die Befugnis zur Bestimmung des Steuersatzes bei der Grunderwerbsteuer.
(3) Bundesgesetze über Steuern, deren Aufkommen den Ländern oder den Gemeinden (Gemeindeverbänden) ganz oder zum Teil zufließt, bedürfen der Zustimmung des Bundesrates.

Art. 106

(1) Der Ertrag der Finanzmonopole und das Aufkommen der folgenden Steuern stehen dem Bund zu:

1. die Zölle,
2. die Verbrauchsteuern, soweit sie nicht nach Absatz 2 den Ländern, nach Absatz 3 Bund und Ländern gemeinsam oder nach Absatz 6 den Gemeinden zustehen,
3. die Straßengüterverkehrsteuer, die Kraftfahrzeugsteuer und sonstige auf motorisierte Verkehrsmittel bezogene Verkehrsteuern,
4. die Kapitalverkehrsteuern, die Versicherungsteuer und die Wechselsteuer,
5. die einmaligen Vermögensabgaben und die zur Durchführung des Lastenausgleichs erhobenen Ausgleichsabgaben,
6. die Ergänzungsabgabe zur Einkommensteuer und zur Körperschaftsteuer,
7. Abgaben im Rahmen der Europäischen Gemeinschaften.

(2) Das Aufkommen der folgenden Steuern steht den Ländern zu:

1. die Vermögensteuer,
2. die Erbschaftsteuer,
3. die Verkehrssteuern, soweit sie nicht nach Absatz 1 dem Bund oder nach Absatz 3 Bund und Ländern gemeinsam zustehen,
4. die Biersteuer,
5. die Abgabe von Spielbanken.

(3) Das Aufkommen der Einkommensteuer, der Körperschaftsteuer und der Umsatzsteuer steht dem Bund und den Ländern gemeinsam zu (Gemeinschaftssteuern), soweit das Aufkommen der Einkommensteuer nicht nach Absatz 5 und das Aufkommen der Umsatzsteuer nicht nach Absatz 5a den Gemeinden zugewiesen werden. Am Aufkommen der Einkommensteuer und der Körperschaftsteuer sind der Bund und die Länder je zur Hälfte beteiligt. Die Anteile von Bund und Ländern an der Umsatzsteuer werden durch Bundesgesetz, das der Zustimmung des Bundesrates bedarf, festgesetzt. Bei der Festsetzung ist von folgenden Grundsätzen auszugehen:

1. Im Rahmen der laufenden Einnahmen haben der Bund und die Länder gleichmäßig Anspruch auf Deckung ihrer notwendigen Ausgaben. Dabei ist der Umfang der Ausgaben unter Berücksichtigung einer mehrjährigen Finanzplanung zu ermitteln.
2. Die Deckungsbedürfnisse des Bundes und der Länder sind so aufeinander abzustimmen, dass ein billiger Ausgleich erzielt, eine Überbelastung der Steuerpflichtigen vermieden und die Einheitlichkeit der Lebensverhältnisse im Bundesgebiet gewahrt wird. Von der Überbelastung eines Steuerpflichtigen in diesem Sinne ist auszugehen, wenn ihm aus der Kaufkraft der von ihm während eines Kalenderjahres erwirtschafteten und ihm als steuerbar zugewiesenen Arbeits- und Vermögensgewinne nach Abzug aller gesetzlich angeordneten öffentlich-rechtlichen Abgabenpflichten weniger als 65 v. H. zu seiner freien Verfügbarkeit verbleiben; legt ein Steuerpflichtiger seine Überbelastung in diesem Sinne für ein abgelaufenes Kalenderjahr begründet dar, steht ihm bis zur verbindlichen Beseitigung seiner Überbelastung gegen jedwede Steuerforderung ein individualrechtliches Zurückbehaltungsrecht zu[99].

Zusätzlich werden in die Festsetzung der Anteile von Bund und Ländern an der Umsatzsteuer Steuermindereinnahmen einbezogen, die den Ländern ab 1. Januar 1996 aus der Berücksichtigung von Kindern im Einkommensteuerrecht entstehen. Das Nähere bestimmt das Bundesgesetz nach Satz 3.

(4) Die Anteile von Bund und Ländern an der Umsatzsteuer sind neu festzusetzen, wenn sich das Verhältnis zwischen den Einnahmen und Ausgaben des Bundes und der Länder wesentlich anders entwickelt; Steuermindereinnahmen, die nach Absatz 3 Satz 5 in die Festsetzung der Umsatzsteueranteile zusätzlich einbezogen werden, bleiben hierbei unberücksichtigt. Werden den Ländern durch Bundesgesetz zusätzliche Ausgaben auferlegt oder Einnahmen entzogen, so kann die Mehrbelastung durch Bundesgesetz, das der Zustimmung des Bundesrates bedarf, auch mit Finanzzuweisungen des Bundes ausgegli-

99 Die »Überbelastung der Steuerpflichtigen« bedarf angesichts ihrer bisher wenig konturenscharfen Beschreibung einer rechtsstaatlich unabdingbaren, normenklaren Definition. Staat und Gesellschaft sollen Mitbürger nicht zu mehr als 35 Prozent zu ihrer Transferfinanzierung heranziehen können. Der einzelne darf nicht überwiegend das Objekt der Finanzierung seiner Mitmenschen sein.

chen werden, wenn sie auf einen kurzen Zeitraum begrenzt ist. In dem Gesetz sind die Grundsätze für die Bemessung dieser Finanzzuweisungen und für ihre Verteilung auf die Länder zu bestimmen.

(5) Die Gemeinden erhalten einen Anteil an dem Aufkommen der Einkommensteuer, der von den Ländern an ihre Gemeinden auf der Grundlage der Einkommensteuerleistungen ihrer Einwohner weiterzuleiten ist. Das Nähere bestimmt ein Bundesgesetz, das der Zustimmung des Bundesrates bedarf. Es kann bestimmen, dass die Gemeinden Hebesätze für den Gemeindeanteil festsetzen.

(5a) Die Gemeinden erhalten ab dem 1. Januar 1998 einen Anteil an dem Aufkommen der Umsatzsteuer. Er wird von den Ländern auf der Grundlage eines orts- und wirtschaftsbezogenen Schlüssels an ihre Gemeinden weitergeleitet. Das Nähere wird durch Bundesgesetz, das der Zustimmung des Bundesrates bedarf, bestimmt.

(6) Das Aufkommen der Grundsteuer und Gewerbesteuer steht den Gemeinden, das Aufkommen der örtlichen Verbrauch- und Aufwandsteuern steht den Gemeinden oder nach Maßgabe der Landesgesetzgebung den Gemeindeverbänden zu. Den Gemeinden ist das Recht einzuräumen, die Hebesätze der Grundsteuer und Gewerbesteuer im Rahmen der Gesetze festzusetzen. Bestehen in einem Land keine Gemeinden, so steht das Aufkommen der Grundsteuer und Gewerbesteuer sowie der örtlichen Verbrauch- und Aufwandsteuern dem Land zu. Bund und Länder können durch eine Umlage an dem Aufkommen der Gewerbesteuer beteiligt werden. Das Nähere über die Umlage bestimmt ein Bundesgesetz, das der Zustimmung des Bundesrates bedarf. Nach Maßgabe der Landesgesetzgebung können die Grundsteuer und Gewerbesteuer sowie der Gemeindeanteil vom Aufkommen der Einkommensteuer und der Umsatzsteuer als Bemessungsgrundlagen für Umlagen zugrunde gelegt werden.

(7) Von dem Länderanteil am Gesamtaufkommen der Gemeinschaftssteuern fließt den Gemeinden und Gemeindeverbänden insgesamt ein von der Landesgesetzgebung zu bestimmender Hundertsatz zu. Im Übrigen bestimmt die Landesgesetzgebung, ob und inwieweit das Aufkommen der Landessteuern den Gemeinden (Gemeindeverbänden) zufließt.

(8) Veranlasst der Bund in einzelnen Ländern oder Gemeinden (Gemeindeverbänden) besondere Einrichtungen, die diesen Ländern oder Gemeinden (Gemeindeverbänden) unmittelbar Mehrausgaben oder Mindereinnahmen (Sonderbelastungen) verursachen, gewährt der Bund den erforderlichen Ausgleich, wenn und soweit den Ländern

oder Gemeinden (Gemeindeverbänden) nicht zugemutet werden kann, die Sonderbelastungen zu tragen. Entschädigungsleistungen Dritter und finanzielle Vorteile, die diesen Ländern oder Gemeinden (Gemeindeverbänden) als Folge der Einrichtungen erwachsen, werden bei dem Ausgleich berücksichtigt.
(9) Als Einnahmen und Ausgaben der Länder im Sinne dieses Artikels gelten auch die Einnahmen und Ausgaben der Gemeinden (Gemeindeverbände).

Art. 106a

Den Ländern steht ab 1. Januar 1996 für den öffentlichen Personennahverkehr ein Betrag aus dem Steueraufkommen des Bundes zu. Das Nähere regelt ein Bundesgesetz, das der Zustimmung des Bundesrates bedarf. Der Betrag nach Satz 1 bleibt bei der Bemessung der Finanzkraft nach Artikel 107 Abs. 2 unberücksichtigt.

Art. 106b

Den Ländern steht ab dem 1. Juli 2009 infolge der Übertragung der Kraftfahrzeugsteuer auf den Bund ein Betrag aus dem Steueraufkommen des Bundes zu. Das Nähere regelt ein Bundesgesetz, das der Zustimmung des Bundesrates bedarf.

Art. 107

(1) Das Aufkommen der Landessteuern und der Länderanteil am Aufkommen der Einkommensteuer und der Körperschaftsteuer stehen den einzelnen Ländern insoweit zu, als die Steuern von den Finanzbehörden in ihrem Gebiet vereinnahmt werden (örtliches Aufkommen). Durch Bundesgesetz, das der Zustimmung des Bundesrates bedarf, sind für die Körperschaftsteuer und die Lohnsteuer nähere Bestimmungen über die Abgrenzung sowie über Art und Umfang der Zerlegung des örtlichen Aufkommens zu treffen. Das Gesetz kann auch Bestimmungen über die Abgrenzung und Zerlegung des örtlichen Aufkommens anderer Steuern treffen. Der Länderanteil am Aufkommen der Umsatzsteuer steht den einzelnen Ländern, vorbehaltlich der Regelungen nach Absatz 2, nach Maßgabe ihrer Einwohnerzahl zu.
(2) Durch Bundesgesetz, das der Zustimmung des Bundesrates bedarf, ist sicherzustellen, dass die unterschiedliche Finanzkraft der Länder

soweit sich diese ihrer eigenen Einflussnahme entzieht[100] angemessen ausgeglichen wird; hierbei sind die Finanzkraft und der Finanzbedarf der Gemeinden (Gemeindeverbände) zu berücksichtigen. Zu diesem Zweck sind in dem Gesetz Zuschläge zu und Abschläge von der jeweiligen Finanzkraft bei der Verteilung der Länderanteile am Aufkommen der Umsatzsteuer zu regeln. Die Voraussetzungen für die Gewährung von Zuschlägen und für die Erhebung von Abschlägen sowie die Maßstäbe für die Höhe dieser Zuschläge und Abschläge sind in dem Gesetz zu bestimmen. Für Zwecke der Bemessung der Finanzkraft kann die bergrechtliche Förderabgabe mit nur einem Teil ihres Aufkommens berücksichtigt werden. Das Gesetz kann auch bestimmen, dass der Bund aus seinen Mitteln leistungsschwachen Ländern Zuweisungen zur ergänzenden Deckung ihres allgemeinen Finanzbedarfs (Ergänzungszuweisungen) gewährt. Zuweisungen können unabhängig von den Maßstäben nach den Sätzen 1 bis 3 auch solchen leistungsschwachen Ländern gewährt werden, deren Gemeinden (Gemeindeverbände) eine besonders geringe Steuerkraft aufweisen (Gemeindesteuerkraftzuweisungen), sowie außerdem solchen leistungsschwachen Ländern, deren Anteile an den Fördermitteln nach Artikel 91b ihre Einwohneranteile unterschreiten.

Art. 108

(1) Zölle, Finanzmonopole, die bundesgesetzlich geregelten Verbrauchsteuern einschließlich der Einfuhrumsatzsteuer, die Kraftfahrzeugsteuer und sonstige auf motorisierte Verkehrsmittel bezogene Verkehrssteuern ab dem 1. Juli 2009 sowie die Abgaben im Rahmen der Europäischen Gemeinschaften werden durch Bundesfinanzbehörden verwaltet. Der Aufbau dieser Behörden wird durch Bundesgesetz geregelt. Soweit Mittelbehörden eingerichtet sind, werden deren Leiter im Benehmen mit den Landesregierungen bestellt.
(2) Die übrigen Steuern werden durch Landesfinanzbehörden verwaltet. Der Aufbau dieser Behörden und die einheitliche Ausbildung der Beamten können durch Bundesgesetz mit Zustimmung des Bundes-

100 Die Ergänzung um den eigenen Einfluss der Länder auf ihre eigene Finanzkraft ist ein elementares Gebot der Gerechtigkeit: Wer Bedingungen, die ihm Vorteile verschaffen, selbst herbeiführt oder deren Eintritt verhindert, ist so zu stellen, wie wenn es diese Bedingungen nicht gäbe bzw. wie er stünde, wären sie eingetreten (vgl. § 162 BGB).

rates geregelt werden. Soweit Mittelbehörden eingerichtet sind, werden deren Leiter im Einvernehmen mit der Bundesregierung bestellt.
(3) Verwalten die Landesfinanzbehörden Steuern, die ganz oder zum Teil dem Bund zufließen, so werden sie im Auftrage des Bundes tätig. Artikel 85 Abs. 3 und 4 gilt mit der Maßgabe, dass an die Stelle der Bundesregierung der Bundesminister der Finanzen tritt.
(4) Durch Bundesgesetz, das der Zustimmung des Bundesrates bedarf, kann bei der Verwaltung von Steuern ein Zusammenwirken von Bundes- und Landesfinanzbehörden sowie für Steuern, die unter Absatz 1 fallen, die Verwaltung durch Landesfinanzbehörden und für andere Steuern die Verwaltung durch Bundesfinanzbehörden vorgesehen werden, wenn und soweit dadurch der Vollzug der Steuergesetze erheblich verbessert oder erleichtert wird. Für die den Gemeinden (Gemeindeverbänden) allein zufließenden Steuern kann die den Landesfinanzbehörden zustehende Verwaltung durch die Länder ganz oder zum Teil den Gemeinden (Gemeindeverbänden) übertragen werden. Das Bundesgesetz nach Satz 1 kann für ein Zusammenwirken von Bund und Ländern bestimmen, dass bei Zustimmung einer im Gesetz genannten Mehrheit Regelungen für den Vollzug von Steuergesetzen für alle Länder verbindlich werden.
(4a) Durch Bundesgesetz, das der Zustimmung des Bundesrates bedarf, können bei der Verwaltung von Steuern, die unter Absatz 2 fallen, ein Zusammenwirken von Landesfinanzbehörden und eine länderübergreifende Übertragung von Zuständigkeiten auf Landesfinanzbehörden eines oder mehrerer Länder im Einvernehmen mit den betroffenen Ländern vorgesehen werden, wenn und soweit dadurch der Vollzug der Steuergesetze erheblich verbessert oder erleichtert wird. Die Kostentragung kann durch Bundesgesetz geregelt werden.
(5) Das von den Bundesfinanzbehörden anzuwendende Verfahren wird durch Bundesgesetz geregelt. Das von den Landesfinanzbehörden und in den Fällen des Absatzes 4 Satz 2 von den Gemeinden (Gemeindeverbänden) anzuwendende Verfahren kann durch Bundesgesetz mit Zustimmung des Bundesrates geregelt werden.
(6) Die Finanzgerichtsbarkeit wird durch Bundesgesetz einheitlich geregelt.
(7) Die Bundesregierung kann allgemeine Verwaltungsvorschriften erlassen, und zwar mit Zustimmung des Bundesrates, soweit die Verwaltung den Landesfinanzbehörden oder Gemeinden (Gemeindeverbänden) obliegt.

Art. 109

(1) Bund und Länder sind in ihrer Haushaltswirtschaft selbstständig und voneinander unabhängig.

(2) Bund und Länder erfüllen gemeinsam die Verpflichtungen der Bundesrepublik Deutschland aus Rechtsakten der Europäischen Gemeinschaft auf Grund des Artikels 104 des Vertrags zur Gründung der Europäischen Gemeinschaft zur Einhaltung der Haushaltsdisziplin und tragen in diesem Rahmen den Erfordernissen des gesamtwirtschaftlichen Gleichgewichts Rechnung.

(3) Die Haushalte von Bund und Ländern sind ausnahmslos[101] ohne Einnahmen aus Krediten auszugleichen. Bund und Länder können eine Ausnahmeregelung für außergewöhnliche Notsituationen vorsehen, in denen Rücklagen angegriffen werden, die für solche Fälle zu bilden sind[102].

(4) Durch Bundesgesetz, das der Zustimmung des Bundesrates bedarf, können für Bund und Länder gemeinsam geltende Grundsätze für das Haushaltsrecht, für eine konjunkturgerechte Haushaltswirtschaft und für eine mehrjährige Finanzplanung aufgestellt werden.

(5) Sanktionsmaßnahmen der Europäischen Gemeinschaft im Zusammenhang mit den Bestimmungen in Artikel 104 des Vertrags zur Gründung der Europäischen Gemeinschaft zur Einhaltung der Haushaltsdisziplin tragen Bund und Länder im Verhältnis 65 zu 35. Die Ländergesamtheit trägt solidarisch 35 vom Hundert der auf die Länder entfallenden Lasten entsprechend ihrer Einwohnerzahl; 65 vom Hundert der auf die Länder entfallenden Lasten tragen die Länder entsprechend ihrem Verursachungsbeitrag. Sanktionszahlungen an die Europäische Union kommen nicht in Betracht, sofern dadurch eine strukturelle Überbelastung von Steuerpflichtigen entstehen könnte[103]. Das Nähere regelt ein Bundesgesetz, das der Zustimmung des Bundesrates bedarf.

---

101 Hier ersetzt »ausnahmslos« das vorherige »grundsätzlich«. Kredite sind erfahrungsgemäß zur Regel geworden. Dies gilt es zu beenden. Es schadet dem Staat.

102 Gesunde Staatshaushalte leben von Überschüssen, nicht von Verbindlichkeiten.

103 Die Belastungsfähigkeit der eigenen Staatsbürger limitiert die Solidaritätszahlungen an die EU.

Art. 109a

(1) Zur Vermeidung von Haushaltsnotlagen regelt ein Bundesgesetz, das der Zustimmung des Bundesrates bedarf,

1. die fortlaufende Überwachung der Haushaltswirtschaft von Bund und Ländern durch ein gemeinsames Gremium (Stabilitätsrat),
2. die Voraussetzungen und das Verfahren zur Feststellung einer drohenden Haushaltsnotlage,
3. die Grundsätze zur Aufstellung und Durchführung von Sanierungsprogrammen zur Vermeidung von Haushaltsnotlagen.

(2) Dem Stabilitätsrat obliegt ab dem Jahr 2020 die Überwachung der Einhaltung der Vorgaben des Artikels 109 Absatz 3 durch Bund und Länder. Die Überwachung orientiert sich an den Vorgaben und Verfahren aus Rechtsakten auf Grund des Vertrages über die Arbeitsweise der Europäischen Union zur Einhaltung der Haushaltsdisziplin.

(3) Die Beschlüsse des Stabilitätsrats und die zugrunde liegenden Beratungsunterlagen sind zu veröffentlichen. Die Mitglieder des Stabilitätsrates haften den Bürgern für die Güte ihrer Arbeit wie Bundestagsabgeordnete[104].

Art. 110

(1) Alle Einnahmen und Ausgaben des Bundes sind in den Haushaltsplan einzustellen; bei Bundesbetrieben und bei Sondervermögen brauchen nur die Zuführungen oder die Ablieferungen eingestellt zu werden. Der Haushaltsplan ist in Einnahme und Ausgabe auszugleichen.

(2) Der Haushaltsplan wird für ein oder mehrere Rechnungsjahre, nach Jahren getrennt, vor Beginn des ersten Rechnungsjahres durch das Haushaltsgesetz festgestellt. Für Teile des Haushaltsplanes kann vorgesehen werden, dass sie für unterschiedliche Zeiträume, nach Rechnungsjahren getrennt, gelten.

(3) Die Gesetzesvorlage nach Absatz 2 Satz 1 sowie Vorlagen zur Änderung des Haushaltsgesetzes und des Haushaltsplanes werden gleichzeitig mit der Zuleitung an den Bundesrat beim Bundestage eingebracht; der Bundesrat ist berechtigt, innerhalb von sechs Wochen, bei Änderungsvorlagen innerhalb von drei Wochen, zu den Vorlagen Stellung zu nehmen.

---

104 Haftungsrecht ist auch hier Qualitätssicherungsrecht.

(4) In das Haushaltsgesetz dürfen nur Vorschriften aufgenommen werden, die sich auf die Einnahmen und die Ausgaben des Bundes und auf den Zeitraum beziehen, für den das Haushaltsgesetz beschlossen wird. Das Haushaltsgesetz kann vorschreiben, dass die Vorschriften erst mit der Verkündung des nächsten Haushaltsgesetzes oder bei Ermächtigung nach Artikel 115 zu einem späteren Zeitpunkt außer Kraft treten.

Art. 111

(1) Ist bis zum Schluss eines Rechnungsjahres der Haushaltsplan für das folgende Jahr nicht durch Gesetz festgestellt, so ist bis zu seinem Inkrafttreten die Bundesregierung im Rahmen der persönlichen Verantwortlichkeit ihrer Mitglieder[105] ermächtigt, alle Ausgaben zu leisten, die nötig sind,

a) um gesetzlich bestehende Einrichtungen zu erhalten und gesetzlich beschlossene Maßnahmen durchzuführen,
b) um die rechtlich begründeten Verpflichtungen des Bundes zu erfüllen,
c) um Bauten, Beschaffungen und sonstige Leistungen fortzusetzen oder Beihilfen für diese Zwecke weiter zu gewähren, sofern durch den Haushaltsplan eines Vorjahres bereits Beträge bewilligt worden sind.

(2) Soweit nicht auf besonderem Gesetze beruhende Einnahmen aus Steuern, Abgaben und sonstigen Quellen oder die Betriebsmittelrücklage die Ausgaben unter Absatz 1 decken, darf die Bundesregierung die zur Aufrechterhaltung der Wirtschaftsführung erforderlichen Mittel bis zur Höhe eines Viertels der Endsumme des abgelaufenen Haushaltsplanes im Wege des Kredits flüssig machen.

Art. 112

Überplanmäßige und außerplanmäßige Ausgaben bedürfen der Zustimmung des Bundesministers der Finanzen, der für die Unabweis-

---

105 Wer als Mitglied der Bundesregierung argumentiert, Ausgaben seien notwendig, der kann dies umso überzeugender, je klarer er sich dazu bekennt, auch die persönliche Verantwortung für seine Entscheidung zu übernehmen.

barkeit seiner Zustimmung persönlich haftet[106]. Sie darf nur im Falle eines unvorhergesehenen und unabweisbaren Bedürfnisses erteilt werden. Näheres kann durch Bundesgesetz bestimmt werden.

Art. 113

(1) Gesetze, welche die von der Bundesregierung vorgeschlagenen Ausgaben des Haushaltsplanes erhöhen oder neue Ausgaben in sich schließen oder für die Zukunft mit sich bringen, bedürfen der Zustimmung der Bundesregierung. Das gleiche gilt für Gesetze, die Einnahmeminderungen in sich schließen oder für die Zukunft mit sich bringen. Die Bundesregierung kann verlangen, dass der Bundestag die Beschlussfassung über solche Gesetze aussetzt. In diesem Fall hat die Bundesregierung innerhalb von sechs Wochen dem Bundestage eine Stellungnahme zuzuleiten.
(2) Die Bundesregierung kann innerhalb von vier Wochen, nachdem der Bundestag das Gesetz beschlossen hat, verlangen, dass der Bundestag erneut Beschluss fasst.
(3) Ist das Gesetz nach Artikel 78 zustande gekommen, kann die Bundesregierung ihre Zustimmung nur innerhalb von sechs Wochen und nur dann versagen, wenn sie vorher das Verfahren nach Absatz 1 Satz 3 und 4 oder nach Absatz 2 eingeleitet hat. Nach Ablauf dieser Frist gilt die Zustimmung als erteilt. Sind mit der Zustimmung der Bundesregierung Mehrkosten verbunden, die zu einer Überbelastung der Steuerpflichtigen nach Art. 106 Abs. 3 Nr. 2 führen, haften die Mitglieder der Bundesregierung für den uneinbringlichen Differenzbetrag persönlich[107].

Art. 114

(1) Der Bundesminister der Finanzen hat dem Bundestage und dem Bundesrate über alle Einnahmen und Ausgaben sowie über das Vermögen und die Verbindlichkeiten[108] im Laufe des nächsten Rech-

---

106 Wäre er nicht überzeugt von der Richtigkeit seiner Zustimmung, gäbe er sie nicht.

107 Die Bundesregierung wird verpflichtet, Mehrausgaben mit der Belastungsfähigkeit der Steuerbürger zu harmonisieren.

108 Das Wort »Verbindlichkeiten« tritt an die Stelle der »Schulden«, da es solche im Haushalt nicht mehr geben kann.

nungsjahres zur Entlastung der Bundesregierung Rechnung zu legen.
(2) Der Bundesrechnungshof, dessen Mitglieder richterliche Unabhängigkeit besitzen, prüft die Rechnung sowie die Wirtschaftlichkeit und Ordnungsmäßigkeit der Haushalts- und Wirtschaftsführung des Bundes. Zum Zweck der Prüfung nach Satz 1 kann der Bundesrechnungshof auch bei Stellen außerhalb der Bundesverwaltung Erhebungen vornehmen; dies gilt auch in den Fällen, in denen der Bund den Ländern zweckgebundene Finanzierungsmittel zur Erfüllung von Länderaufgaben zuweist. Er hat außer der Bundesregierung unmittelbar dem Bundestage und dem Bundesrate jährlich zu berichten. Im Übrigen werden die Befugnisse des Bundesrechnungshofes durch Bundesgesetz geregelt.

Art. 115

(1) Die Übernahme von Bürgschaften, Garantien oder sonstigen Gewährleistungen, die zu Ausgaben in künftigen Rechnungsjahren führen können, bedürfen einer der Höhe nach bestimmten oder bestimmbaren Ermächtigung durch Bundesgesetz[109].
(2) Einnahmen und Ausgaben sind auszugleichen[110].

Xa. Verteidigungsfall

Art. 115a

(1) Die Feststellung, dass das Bundesgebiet mit Waffengewalt angegriffen wird oder ein solcher Angriff unmittelbar droht (Verteidigungsfall), trifft der Bundestag mit Zustimmung des Bundesrates. Die Feststellung erfolgt auf Antrag der Bundesregierung und bedarf einer Mehrheit von zwei Dritteln der abgegebenen Stimmen, mindestens der Mehrheit der Mitglieder des Bundestages.
(2) Erfordert die Lage unabweisbar ein sofortiges Handeln und stehen einem rechtzeitigen Zusammentritt des Bundestages unüberwindliche Hindernisse entgegen oder ist er nicht beschlussfähig, so trifft der Gemeinsame Ausschuss diese Feststellung mit einer Mehrheit von

109 Die Aufnahme von Krediten entfällt.
110 Krediteinnahmen gibt es nicht (mehr).

zwei Dritteln der abgegebenen Stimmen, mindestens der Mehrheit seiner Mitglieder.

(3) Die Feststellung wird vom Bundespräsidenten gemäß Artikel 82 im Bundesgesetzblatte verkündet. Ist dies nicht rechtzeitig möglich, so erfolgt die Verkündung in anderer Weise; sie ist im Bundesgesetzblatte nachzuholen, sobald die Umstände es zulassen.

(4) Wird das Bundesgebiet mit Waffengewalt angegriffen und sind die zuständigen Bundesorgane außerstande, sofort die Feststellung nach Absatz 1 Satz 1 zu treffen, so gilt diese Feststellung als getroffen und als zu dem Zeitpunkt verkündet, in dem der Angriff begonnen hat. Der Bundespräsident gibt diesen Zeitpunkt bekannt, sobald die Umstände es zulassen.

(5) Ist die Feststellung des Verteidigungsfalles verkündet und wird das Bundesgebiet mit Waffengewalt angegriffen, so kann der Bundespräsident völkerrechtliche Erklärungen über das Bestehen des Verteidigungsfalles mit Zustimmung des Bundestages abgeben. Unter den Voraussetzungen des Absatzes 2 tritt an die Stelle des Bundestages der Gemeinsame Ausschuss.

Art. 115b

Mit der Verkündung des Verteidigungsfalles geht die Befehls- und Kommandogewalt über die Streitkräfte auf den Bundeskanzler über.

Art. 115c

(1) Der Bund hat für den Verteidigungsfall das Recht der konkurrierenden Gesetzgebung auch auf den Sachgebieten, die zur Gesetzgebungszuständigkeit der Länder gehören. Diese Gesetze bedürfen der Zustimmung des Bundesrates.

(2) Soweit es die Verhältnisse während des Verteidigungsfalles erfordern, kann durch Bundesgesetz für den Verteidigungsfall

1. bei Enteignungen abweichend von Artikel 14 Abs. 3 Satz 2 die Entschädigung vorläufig geregelt werden,
2. für Freiheitsentziehungen eine von Artikel 104 Abs. 2 Satz 3 und Abs. 3 Satz 1 abweichende Frist, höchstens jedoch eine solche von vier Tagen, für den Fall festgesetzt werden, dass ein Richter nicht innerhalb der für Normalzeiten geltenden Frist tätig werden konnte.

(3) Soweit es zur Abwehr eines gegenwärtigen oder unmittelbar dro-

henden Angriffs erforderlich ist, kann für den Verteidigungsfall durch Bundesgesetz mit Zustimmung des Bundesrates die Verwaltung und das Finanzwesen des Bundes und der Länder abweichend von den Abschnitten VIII, VIIIa und X geregelt werden, wobei die Lebensfähigkeit der Länder, Gemeinden und Gemeindeverbände, insbesondere auch in finanzieller Hinsicht, zu wahren ist.
(4) Bundesgesetze nach den Absätzen 1 und 2 Nr. 1 dürfen zur Vorbereitung ihres Vollzuges schon vor Eintritt des Verteidigungsfalles angewandt werden.

Art. 115d

(1) Für die Gesetzgebung des Bundes gilt im Verteidigungsfalle abweichend von Artikel 76 Abs. 2, Artikel 77 Abs. 1 Satz 2 und Abs. 2 bis 4, Artikel 78 und Artikel 82 Abs. 1 die Regelung der Absätze 2 und 3.
(2) Gesetzesvorlagen der Bundesregierung, die sie als dringlich bezeichnet, sind gleichzeitig mit der Einbringung beim Bundestage dem Bundesrate zuzuleiten. Bundestag und Bundesrat beraten diese Vorlagen unverzüglich gemeinsam. Soweit zu einem Gesetze die Zustimmung des Bundesrates erforderlich ist, bedarf es zum Zustandekommen des Gesetzes der Zustimmung der Mehrheit seiner Stimmen, wobei sich die Verlesung des Gesetzes in diesem Fall auf die Überschriften seiner Bestimmungen beschränken kann, wenn der Wortlaut des gesamten Textes allen Anwesenden vorliegt[111]. Das Nähere regelt eine Geschäftsordnung, die vom Bundestage beschlossen wird und der Zustimmung des Bundesrates bedarf.
(3) Für die Verkündung der Gesetze gilt Artikel 115a Abs. 3 Satz 2 entsprechend.

Art. 115e

(1) Stellt der Gemeinsame Ausschuss im Verteidigungsfalle mit einer Mehrheit von zwei Dritteln der abgegebenen Stimmen, mindestens mit der Mehrheit seiner Mitglieder fest, dass dem rechtzeitigen Zusammentritt des Bundestages unüberwindliche Hindernisse entgegenstehen oder dass dieser nicht beschlussfähig ist, so hat der Gemeinsame Ausschuss die Stellung von Bundestag und Bundesrat und nimmt deren Rechte einheitlich wahr.

111 Im Verteidigungsfall gilt ein eingeschränktes Verlesungsgebot.

(2) Durch ein Gesetz des Gemeinsamen Ausschusses darf das Grundgesetz weder geändert noch ganz oder teilweise außer Kraft oder außer Anwendung gesetzt werden. Zum Erlass von Gesetzen nach Artikel 23 Abs. 1 Satz 2, Artikel 24 Abs. 1 oder Artikel 29 ist der Gemeinsame Ausschuss nicht befugt.

Art. 115f

(1) Die Bundesregierung kann im Verteidigungsfalle, soweit es die Verhältnisse erfordern,

1. den Bundesgrenzschutz im gesamten Bundesgebiete einsetzen;
2. außer der Bundesverwaltung auch den Landesregierungen und, wenn sie es für dringlich erachtet, den Landesbehörden Weisungen erteilen und diese Befugnis auf von ihr zu bestimmende Mitglieder der Landesregierungen übertragen.

(2) Bundestag, Bundesrat und der Gemeinsame Ausschuss sind unverzüglich von den nach Absatz 1 getroffenen Maßnahmen zu unterrichten.

Art. 115g

Die verfassungsmäßige Stellung und die Erfüllung der verfassungsmäßigen Aufgaben des Bundesverfassungsgerichtes und seiner Richter dürfen nicht beeinträchtigt werden. Das Gesetz über das Bundesverfassungsgericht darf durch ein Gesetz des Gemeinsamen Ausschusses nur insoweit geändert werden, als dies auch nach Auffassung des Bundesverfassungsgerichtes zur Aufrechterhaltung der Funktionsfähigkeit des Gerichtes erforderlich ist. Bis zum Erlass eines solchen Gesetzes kann das Bundesverfassungsgericht die zur Erhaltung der Arbeitsfähigkeit des Gerichtes erforderlichen Maßnahmen treffen. Beschlüsse nach Satz 2 und Satz 3 fasst das Bundesverfassungsgericht mit der Mehrheit der anwesenden Richter.

Art. 115h

(1) Während des Verteidigungsfalles ablaufende Wahlperioden des Bundestages oder der Volksvertretungen der Länder enden sechs Monate nach Beendigung des Verteidigungsfalles. Die im Verteidigungsfalle ablaufende Amtszeit des Bundespräsidenten sowie bei vorzeitiger Erledigung seines Amtes die Wahrnehmung seiner Be-

fugnisse durch den Präsidenten des Bundesrates enden neun Monate nach Beendigung des Verteidigungsfalles. Die im Verteidigungsfalle ablaufende Amtszeit eines Mitgliedes des Bundesverfassungsgerichtes endet sechs Monate nach Beendigung des Verteidigungsfalles.
(2) Wird eine Neuwahl des Bundeskanzlers durch den Gemeinsamen Ausschuss erforderlich, so wählt dieser einen neuen Bundeskanzler mit der Mehrheit seiner Mitglieder; der Bundespräsident macht dem Gemeinsamen Ausschuss einen Vorschlag. Der Gemeinsame Ausschuss kann dem Bundeskanzler das Misstrauen nur dadurch aussprechen, dass er mit der Mehrheit von zwei Dritteln seiner Mitglieder einen Nachfolger wählt.
(3) Für die Dauer des Verteidigungsfalles ist die Auflösung des Bundestages ausgeschlossen.

Art. 115i

(1) Sind die zuständigen Bundesorgane außerstande, die notwendigen Maßnahmen zur Abwehr der Gefahr zu treffen, und erfordert die Lage unabweisbar ein sofortiges selbstständiges Handeln in einzelnen Teilen des Bundesgebietes, so sind die Landesregierungen oder die von ihnen bestimmten Behörden oder Beauftragten befugt, für ihren Zuständigkeitsbereich Maßnahmen im Sinne des Artikels 115f Abs. 1 zu treffen.
(2) Maßnahmen nach Absatz 1 können durch die Bundesregierung, im Verhältnis zu Landesbehörden und nachgeordneten Bundesbehörden auch durch die Ministerpräsidenten der Länder, jederzeit aufgehoben werden.

Art. 115k

(1) Für die Dauer ihrer Anwendbarkeit setzen Gesetze nach den Artikeln 115c, 115e und 115g und Rechtsverordnungen, die auf Grund solcher Gesetze ergehen, entgegenstehendes Recht außer Anwendung. Dies gilt nicht gegenüber früherem Recht, das auf Grund der Artikel 115c, 115e und 115g erlassen worden ist.
(2) Gesetze, die der Gemeinsame Ausschuss beschlossen hat, und Rechtsverordnungen, die auf Grund solcher Gesetze ergangen sind, treten spätestens sechs Monate nach Beendigung des Verteidigungsfalles außer Kraft.
(3) Gesetze, die von den Artikeln 91a, 91b, 104a, 106 und 107 abweichende Regelungen enthalten, gelten längstens bis zum Ende des zwei-

ten Rechnungsjahres, das auf die Beendigung des Verteidigungsfalles folgt. Sie können nach Beendigung des Verteidigungsfalles durch Bundesgesetz mit Zustimmung des Bundesrates geändert werden, um zu der Regelung gemäß den Abschnitten VIIIa und X überzuleiten.

Art. 115l

(1) Der Bundestag kann jederzeit mit Zustimmung des Bundesrates Gesetze des Gemeinsamen Ausschusses aufheben. Der Bundesrat kann verlangen, dass der Bundestag hierüber beschließt. Sonstige zur Abwehr der Gefahr getroffene Maßnahmen des Gemeinsamen Ausschusses oder der Bundesregierung sind aufzuheben, wenn der Bundestag und der Bundesrat es beschließen.
(2) Der Bundestag kann mit Zustimmung des Bundesrates jederzeit durch einen vom Bundespräsidenten zu verkündenden Beschluss den Verteidigungsfall für beendet erklären. Der Bundesrat kann verlangen, dass der Bundestag hierüber beschließt. Der Verteidigungsfall ist unverzüglich für beendet zu erklären, wenn die Voraussetzungen für seine Feststellung nicht mehr gegeben sind.
(3) Über den Friedensschluss wird durch Bundesgesetz entschieden.

XI.
Übergangs- und Schlussbestimmungen

Art. 116

(1) Deutscher im Sinne dieses Grundgesetzes ist vorbehaltlich anderweitiger gesetzlicher Regelung, wer die deutsche Staatsangehörigkeit besitzt oder als Flüchtling oder Vertriebener deutscher Volkszugehörigkeit oder als dessen Ehegatte oder Abkömmling in dem Gebiete des Deutschen Reiches nach dem Stande vom 31. Dezember 1937 Aufnahme gefunden hat.
(2) Frühere deutsche Staatsangehörige, denen zwischen dem 30. Januar 1933 und dem 8. Mai 1945 die Staatsangehörigkeit aus politischen, rassischen oder religiösen Gründen entzogen worden ist, und ihre Abkömmlinge sind auf Antrag wieder einzubürgern. Sie gelten als nicht ausgebürgert, sofern sie nach dem 8. Mai 1945 ihren Wohnsitz in Deutschland genommen haben und nicht einen entgegengesetzten Willen zum Ausdruck gebracht haben.

Art. 117

[Kann entfallen][112]

Art. 118

Die Neugliederung in dem die Länder Baden, Württemberg-Baden und Württemberg-Hohenzollern umfassenden Gebiete kann abweichend von den Vorschriften des Artikels 29 durch Vereinbarung der beteiligten Länder erfolgen. Kommt eine Vereinbarung nicht zustande, so wird die Neugliederung durch Bundesgesetz geregelt, das eine Volksbefragung vorsehen muss.

Art. 118a

Die Neugliederung in dem die Länder Berlin und Brandenburg umfassenden Gebiet kann abweichend von den Vorschriften des Artikels 29 unter Beteiligung ihrer Wahlberechtigten durch Vereinbarung beider Länder erfolgen.

Art. 119

In Angelegenheiten der Flüchtlinge und Vertriebenen, insbesondere zu ihrer Verteilung auf die Länder, kann bis zu einer bundesgesetzlichen Regelung die Bundesregierung mit Zustimmung des Bundesrates Verordnungen mit Gesetzeskraft erlassen. Für besondere Fälle kann dabei die Bundesregierung ermächtigt werden, Einzelweisungen zu erteilen. Die Weisungen sind außer bei Gefahr im Verzuge an die obersten Landesbehörden zu richten.

Art. 120

(1) Der Bund trägt die Aufwendungen für Besatzungskosten und die sonstigen inneren und äußeren Kriegsfolgelasten nach näherer Bestimmung von Bundesgesetzen. Soweit diese Kriegsfolgelasten bis zum 1. Oktober 1969 durch Bundesgesetze geregelt worden sind, tragen Bund und Länder im Verhältnis zueinander die Aufwendungen nach Maßgabe dieser Bundesgesetze. Soweit Aufwendungen für Kriegsfolgelasten, die in Bundesgesetzen weder geregelt worden sind

112 Für diese Regelungen gab es keinen Grund mehr.

noch geregelt werden, bis zum 1. Oktober 1965 von den Ländern, Gemeinden (Gemeindeverbänden) oder sonstigen Aufgabenträgern, die Aufgaben von Ländern oder Gemeinden erfüllen, erbracht worden sind, ist der Bund zur Übernahme von Aufwendungen dieser Art auch nach diesem Zeitpunkt nicht verpflichtet. Der Bund trägt die Zuschüsse zu den Lasten der Sozialversicherung mit Einschluss der Arbeitslosenversicherung und der Arbeitslosenhilfe. Die durch diesen Absatz geregelte Verteilung der Kriegsfolgelasten auf Bund und Länder lässt die gesetzliche Regelung von Entschädigungsansprüchen für Kriegsfolgen unberührt.
(2) Die Einnahmen gehen auf den Bund zu demselben Zeitpunkte über, an dem der Bund die Ausgaben übernimmt.

Art. 120a

(1) Die Gesetze, die der Durchführung des Lastenausgleichs dienen, können mit Zustimmung des Bundesrates bestimmen, dass sie auf dem Gebiete der Ausgleichsleistungen teils durch den Bund, teils im Auftrage des Bundes durch die Länder ausgeführt werden und dass die der Bundesregierung und den zuständigen obersten Bundesbehörden auf Grund des Artikels 85 insoweit zustehenden Befugnisse ganz oder teilweise dem Bundesausgleichsamt übertragen werden. Das Bundesausgleichsamt bedarf bei Ausübung dieser Befugnisse nicht der Zustimmung des Bundesrates; seine Weisungen sind, abgesehen von den Fällen der Dringlichkeit, an die obersten Landesbehörden (Landesausgleichsämter) zu richten.
(2) Artikel 87 Abs. 3 Satz 2 bleibt unberührt.

Art. 121

Mehrheit der Mitglieder des Bundestages[113] im Sinne dieses Grundgesetzes ist die Mehrheit ihrer gesetzlichen Mitgliederzahl. Sind weniger als 75 v. H. aller Abgeordneten persönlich im Plenum versammelt, ist das Parlament in seiner Funktion als Gesetzgebungskörperschaft beschlussunfähig[114].

---

113 Die Bundesversammlung entfällt, da der Bundespräsident vom Volk gewählt wird.

114 Der Bundestag darf nicht Gesetze beschließen, wenn weniger als 75 v. H. seiner Mitglieder tatsächlich persönlich im Plenum anwesend sind.

Art. 122

(1) Vom Zusammentritt des Bundestages an werden die Gesetze ausschließlich von den in diesem Grundgesetze anerkannten gesetzgebenden Gewalten beschlossen.
(2) Gesetzgebende und bei der Gesetzgebung beratend mitwirkende Körperschaften, deren Zuständigkeit nach Absatz 1 endet, sind mit diesem Zeitpunkt aufgelöst.

Art. 123

(1) Recht aus der Zeit vor dem Zusammentritt des Bundestages gilt fort, soweit es dem Grundgesetze nicht widerspricht.
(2) Die vom Deutschen Reich abgeschlossenen Staatsverträge, die sich auf Gegenstände beziehen, für die nach diesem Grundgesetze die Landesgesetzgebung zuständig ist, bleiben, wenn sie nach allgemeinen Rechtsgrundsätzen gültig sind und fortgelten, unter Vorbehalt aller Rechte und Einwendungen der Beteiligten in Kraft, bis neue Staatsverträge durch die nach diesem Grundgesetze zuständigen Stellen abgeschlossen werden oder ihre Beendigung auf Grund der in ihnen enthaltenen Bestimmungen anderweitig erfolgt.

Art. 124

Recht, das Gegenstände der ausschließlichen Gesetzgebung des Bundes betrifft, wird innerhalb seines Geltungsbereiches Bundesrecht.

Art. 125

Recht, das Gegenstände der konkurrierenden Gesetzgebung des Bundes betrifft, wird innerhalb seines Geltungsbereiches Bundesrecht,

1. soweit es innerhalb einer oder mehrerer Besatzungszonen einheitlich gilt,
2. soweit es sich um Recht handelt, durch das nach dem 8. Mai 1945 früheres Reichsrecht abgeändert worden ist.

Art. 125a

(1) Recht, das als Bundesrecht erlassen worden ist, aber wegen der Änderung des Artikels 74 Abs. 1, der Einfügung des Artikels 84 Abs. 1 Satz 7, des Artikels 85 Abs. 1 Satz 2 oder des Artikels 105 Abs. 2a Satz 2

oder wegen der Aufhebung der Artikel 74a, 75 oder 98 Abs. 3 Satz 2 nicht mehr als Bundesrecht erlassen werden könnte, gilt als Bundesrecht fort. Es kann durch Landesrecht ersetzt werden.
(2) Recht, das auf Grund des Artikels 72 Abs. 2 in der bis zum 15. November 1994 geltenden Fassung erlassen worden ist, aber wegen Änderung des Artikels 72 Abs. 2 nicht mehr als Bundesrecht erlassen werden könnte, gilt als Bundesrecht fort. Durch Bundesgesetz kann bestimmt werden, dass es durch Landesrecht ersetzt werden kann.
(3) Recht, das als Landesrecht erlassen worden ist, aber wegen Änderung des Artikels 73 nicht mehr als Landesrecht erlassen werden könnte, gilt als Landesrecht fort. Es kann durch Bundesrecht ersetzt werden.

Art. 125b

(1) Recht, das auf Grund des Artikels 75 in der bis zum 1. September 2006 geltenden Fassung erlassen worden ist und das auch nach diesem Zeitpunkt als Bundesrecht erlassen werden könnte, gilt als Bundesrecht fort. Befugnisse und Verpflichtungen der Länder zur Gesetzgebung bleiben insoweit bestehen. Auf den in Artikel 72 Abs. 3 Satz 1 genannten Gebieten können die Länder von diesem Recht abweichende Regelungen treffen, auf den Gebieten des Artikels 72 Abs. 3 Satz 1 Nr. 2, 5 und 6 jedoch erst, wenn und soweit der Bund ab dem 1. September 2006 von seiner Gesetzgebungszuständigkeit Gebrauch gemacht hat, in den Fällen der Nummern 2 und 5 spätestens ab dem 1. Januar 2010, im Falle der Nummer 6 spätestens ab dem 1. August 2008.
(2) Von bundesgesetzlichen Regelungen, die auf Grund des Artikels 84 Abs. 1 in der vor dem 1. September 2006 geltenden Fassung erlassen worden sind, können die Länder abweichende Regelungen treffen, von Regelungen des Verwaltungsverfahrens bis zum 31. Dezember 2008 aber nur dann, wenn ab dem 1. September 2006 in dem jeweiligen Bundesgesetz Regelungen des Verwaltungsverfahrens geändert worden sind.
(3) Auf dem Gebiet des Artikels 72 Absatz 3 Satz 1 Nummer 7 darf abweichendes Landesrecht der Erhebung der Grundsteuer frühestens für Zeiträume ab dem 1. Januar 2025 zugrunde gelegt werden.

Art. 125c

(1) Recht, das auf Grund des Artikels 91a Abs. 2 in Verbindung mit Abs. 1 Nr. 1 in der bis zum 1. September 2006 geltenden Fassung erlassen worden ist, gilt bis zum 31. Dezember 2006 fort.

(2) Die nach Artikel 104a Abs. 4 in der bis zum 1. September 2006 geltenden Fassung in den Bereichen der Gemeindeverkehrsfinanzierung und der sozialen Wohnraumförderung geschaffenen Regelungen gelten bis zum 31. Dezember 2006 fort. Die im Bereich der Gemeindeverkehrsfinanzierung für die besonderen Programme nach § 6 Absatz 1 des Gemeindeverkehrsfinanzierungsgesetzes sowie die mit dem Gesetz über Finanzhilfen des Bundes nach Artikel 104a Absatz 4 des Grundgesetzes an die Länder Bremen, Hamburg, Mecklenburg-Vorpommern, Niedersachsen sowie Schleswig-Holstein für Seehäfen vom 20. Dezember 2001 nach Artikel 104a Absatz 4 in der bis zum 1. September 2006 geltenden Fassung geschaffenen Regelungen gelten bis zu ihrer Aufhebung fort. Eine Änderung des Gemeindeverkehrsfinanzierungsgesetzes durch Bundesgesetz ist zulässig. Die sonstigen nach Artikel 104a Absatz 4 in der bis zum 1. September 2006 geltenden Fassung geschaffenen Regelungen gelten bis zum 31. Dezember 2019 fort, soweit nicht ein früherer Zeitpunkt für das Außerkrafttreten bestimmt ist oder wird. Artikel 104b Absatz 2 Satz 4 gilt entsprechend.

(3) Artikel 104b Absatz 2 Satz 5 ist erstmals auf nach dem 31. Dezember 2019 in Kraft getretene Regelungen anzuwenden.

Art. 126

Meinungsverschiedenheiten über das Fortgelten von Recht als Bundesrecht entscheidet das Bundesverfassungsgericht.

Art. 127

Die Bundesregierung kann mit Zustimmung der Regierungen der beteiligten Länder Recht der Verwaltung des Vereinigten Wirtschaftsgebietes, soweit es nach Artikel 124 oder 125 als Bundesrecht fortgilt, innerhalb eines Jahres nach Verkündung dieses Grundgesetzes in den Ländern Baden, Groß-Berlin, Rheinland-Pfalz und Württemberg-Hohenzollern in Kraft setzen.

Art. 128

Soweit fortgeltendes Recht Weisungsrechte im Sinne des Artikels 84 Abs. 5 vorsieht, bleiben sie bis zu einer anderweitigen gesetzlichen Regelung bestehen.

Art. 129

(1) Soweit in Rechtsvorschriften, die als Bundesrecht fortgelten, eine Ermächtigung zum Erlasse von Rechtsverordnungen oder allgemeinen Verwaltungsvorschriften sowie zur Vornahme von Verwaltungsakten enthalten ist, geht sie auf die nunmehr sachlich zuständigen Stellen über. In Zweifelsfällen entscheidet die Bundesregierung im Einvernehmen mit dem Bundesrate; die Entscheidung ist zu veröffentlichen.
(2) Soweit in Rechtsvorschriften, die als Landesrecht fortgelten, eine solche Ermächtigung enthalten ist, wird sie von den nach Landesrecht zuständigen Stellen ausgeübt.
(3) Soweit Rechtsvorschriften im Sinne der Absätze 1 und 2 zu ihrer Änderung oder Ergänzung oder zum Erlass von Rechtsvorschriften an Stelle von Gesetzen ermächtigen, sind diese Ermächtigungen erloschen.
(4) Die Vorschriften der Absätze 1 und 2 gelten entsprechend, soweit in Rechtsvorschriften auf nicht mehr geltende Vorschriften oder nicht mehr bestehende Einrichtungen verwiesen ist.

Art. 130

(1) Verwaltungsorgane und sonstige der öffentlichen Verwaltung oder Rechtspflege dienende Einrichtungen, die nicht auf Landesrecht oder Staatsverträgen zwischen Ländern beruhen, sowie die Betriebsvereinigung der südwestdeutschen Eisenbahnen und der Verwaltungsrat für das Post- und Fernmeldewesen für das französische Besatzungsgebiet unterstehen der Bundesregierung. Diese regelt mit Zustimmung des Bundesrates die Überführung, Auflösung oder Abwicklung.
(2) Oberster Disziplinarvorgesetzter der Angehörigen dieser Verwaltungen und Einrichtungen ist der zuständige Bundesminister.
(3) Nicht landesunmittelbare und nicht auf Staatsverträgen zwischen den Ländern beruhende Körperschaften und Anstalten des öffentlichen Rechtes unterstehen der Aufsicht der zuständigen obersten Bundesbehörde.

Art. 131

Die Rechtsverhältnisse von Personen einschließlich der Flüchtlinge und Vertriebenen, die am 8. Mai 1945 im öffentlichen Dienste standen, aus anderen als beamten- oder tarifrechtlichen Gründen ausgeschieden sind und bisher nicht oder nicht ihrer früheren Stellung entsprechend verwendet werden, sind durch Bundesgesetz zu regeln. Entsprechendes gilt für Personen einschließlich der Flüchtlinge und Vertriebenen, die am 8. Mai 1945 versorgungsberechtigt waren und aus anderen als beamten- oder tarifrechtlichen Gründen keine oder keine entsprechende Versorgung mehr erhalten. Bis zum Inkrafttreten des Bundesgesetzes können vorbehaltlich anderweitiger landesrechtlicher Regelung Rechtsansprüche nicht geltend gemacht werden.

Art. 132

(1) Beamte und Richter, die im Zeitpunkte des Inkrafttretens dieses Grundgesetzes auf Lebenszeit angestellt sind, können binnen sechs Monaten nach dem ersten Zusammentritt des Bundestages in den Ruhestand oder Wartestand oder in ein Amt mit niedrigerem Diensteinkommen versetzt werden, wenn ihnen die persönliche oder fachliche Eignung für ihr Amt fehlt. Auf Angestellte, die in einem unkündbaren Dienstverhältnis stehen, findet diese Vorschrift entsprechende Anwendung. Bei Angestellten, deren Dienstverhältnis kündbar ist, können über die tarifmäßige Regelung hinausgehende Kündigungsfristen innerhalb der gleichen Frist aufgehoben werden.

(2) Diese Bestimmung findet keine Anwendung auf Angehörige des öffentlichen Dienstes, die von den Vorschriften über die »Befreiung von Nationalsozialismus und Militarismus« nicht betroffen oder die anerkannte Verfolgte des Nationalsozialismus sind, sofern nicht ein wichtiger Grund in ihrer Person vorliegt.

(3) Den Betroffenen steht der Rechtsweg gemäß Artikel 19 Abs. 4 offen.

(4) Das Nähere bestimmt eine Verordnung der Bundesregierung, die der Zustimmung des Bundesrates bedarf.

Art. 133

Der Bund tritt in die Rechte und Pflichten der Verwaltung des Vereinigten Wirtschaftsgebietes ein.

Art. 134

(1) Das Vermögen des Reiches wird grundsätzlich Bundesvermögen.

(2) Soweit es nach seiner ursprünglichen Zweckbestimmung überwiegend für Verwaltungsaufgaben bestimmt war, die nach diesem Grundgesetze nicht Verwaltungsaufgaben des Bundes sind, ist es unentgeltlich auf die nunmehr zuständigen Aufgabenträger und, soweit es nach seiner gegenwärtigen, nicht nur vorübergehenden Benutzung Verwaltungsaufgaben dient, die nach diesem Grundgesetze nunmehr von den Ländern zu erfüllen sind, auf die Länder zu übertragen. Der Bund kann auch sonstiges Vermögen den Ländern übertragen.

(3) Vermögen, das dem Reich von den Ländern und Gemeinden (Gemeindeverbänden) unentgeltlich zur Verfügung gestellt wurde, wird wiederum Vermögen der Länder und Gemeinden (Gemeindeverbände), soweit es nicht der Bund für eigene Verwaltungsaufgaben benötigt.

(4) Das Nähere regelt ein Bundesgesetz, das der Zustimmung des Bundesrates bedarf.

Art. 135

(1) Hat sich nach dem 8. Mai 1945 bis zum Inkrafttreten dieses Grundgesetzes die Landeszugehörigkeit eines Gebietes geändert, so steht in diesem Gebiete das Vermögen des Landes, dem das Gebiet angehört hat, dem Lande zu, dem es jetzt angehört.

(2) Das Vermögen nicht mehr bestehender Länder und nicht mehr bestehender anderer Körperschaften und Anstalten des öffentlichen Rechtes geht, soweit es nach seiner ursprünglichen Zweckbestimmung überwiegend für Verwaltungsaufgaben bestimmt war, oder nach seiner gegenwärtigen, nicht nur vorübergehenden Benutzung überwiegend Verwaltungsaufgaben dient, auf das Land oder die Körperschaft oder Anstalt des öffentlichen Rechtes über, die nunmehr diese Aufgaben erfüllen.

(3) Grundvermögen nicht mehr bestehender Länder geht einschließlich des Zubehörs, soweit es nicht bereits zu Vermögen im Sinne des Absatzes 1 gehört, auf das Land über, in dessen Gebiet es belegen ist.

(4) Sofern ein überwiegendes Interesse des Bundes oder das besondere Interesse eines Gebietes es erfordert, kann durch Bundesgesetz eine von den Absätzen 1 bis 3 abweichende Regelung getroffen werden.

(5) Im Übrigen wird die Rechtsnachfolge und die Auseinandersetzung, soweit sie nicht bis zum 1. Januar 1952 durch Vereinbarung zwischen den beteiligten Ländern oder Körperschaften oder Anstalten

des öffentlichen Rechtes erfolgt, durch Bundesgesetz geregelt, das der Zustimmung des Bundesrates bedarf.
(6) Beteiligungen des ehemaligen Landes Preußen an Unternehmen des privaten Rechtes gehen auf den Bund über. Das Nähere regelt ein Bundesgesetz, das auch Abweichendes bestimmen kann.
(7) Soweit über Vermögen, das einem Lande oder einer Körperschaft oder Anstalt des öffentlichen Rechtes nach den Absätzen 1 bis 3 zufallen würde, von dem danach Berechtigten durch ein Landesgesetz, auf Grund eines Landesgesetzes oder in anderer Weise bei Inkrafttreten des Grundgesetzes verfügt worden war, gilt der Vermögensübergang als vor der Verfügung erfolgt.

Art. 135a

(1) Durch die in Artikel 134 Abs. 4 und Artikel 135 Abs. 5 vorbehaltene Gesetzgebung des Bundes kann auch bestimmt werden, dass nicht oder nicht in voller Höhe zu erfüllen sind

1. Verbindlichkeiten des Reiches sowie Verbindlichkeiten des ehemaligen Landes Preußen und sonstiger nicht mehr bestehender Körperschaften und Anstalten des öffentlichen Rechts,
2. Verbindlichkeiten des Bundes oder anderer Körperschaften und Anstalten des öffentlichen Rechts, welche mit dem Übergang von Vermögenswerten nach Artikel 89, 90, 134 und 135 im Zusammenhang stehen, und Verbindlichkeiten dieser Rechtsträger, die auf Maßnahmen der in Nummer 1 bezeichneten Rechtsträger beruhen,
3. Verbindlichkeiten der Länder und Gemeinden (Gemeindeverbände), die aus Maßnahmen entstanden sind, welche diese Rechtsträger vor dem 1. August 1945 zur Durchführung von Anordnungen der Besatzungsmächte oder zur Beseitigung eines kriegsbedingten Notstandes im Rahmen dem Reich obliegender oder vom Reich übertragener Verwaltungsaufgaben getroffen haben.

(2) Absatz 1 findet entsprechende Anwendung auf Verbindlichkeiten der Deutschen Demokratischen Republik oder ihrer Rechtsträger sowie auf Verbindlichkeiten des Bundes oder anderer Körperschaften und Anstalten des öffentlichen Rechts, die mit dem Übergang von Vermögenswerten der Deutschen Demokratischen Republik auf Bund, Länder und Gemeinden im Zusammenhang stehen, und auf Verbindlichkeiten, die auf Maßnahmen der Deutschen Demokratischen Republik oder ihrer Rechtsträger beruhen.

Art. 136

(1) Der Bundesrat tritt erstmalig am Tage des ersten Zusammentrittes des Bundestages zusammen.
(2) Bis zur Wahl des ersten Bundespräsidenten werden dessen Befugnisse von dem Präsidenten des Bundesrates ausgeübt. Das Recht der Auflösung des Bundestages steht ihm nicht zu.

Art. 137

(1) Die Wählbarkeit von Beamten, Angestellten des öffentlichen Dienstes, Berufssoldaten, freiwilligen Soldaten auf Zeit und Richtern im Bund, in den Ländern und den Gemeinden kann gesetzlich beschränkt werden.
(2) Für die Wahl des ersten Bundestages, der ersten Bundesversammlung und des ersten Bundespräsidenten der Bundesrepublik gilt das vom Parlamentarischen Rat zu beschließende Wahlgesetz.
(3) Die dem Bundesverfassungsgerichte gemäß Artikel 41 Abs. 2 zustehende Befugnis wird bis zu seiner Errichtung von dem Deutschen Obergericht für das Vereinigte Wirtschaftsgebiet wahrgenommen, das nach Maßgabe seiner Verfahrensordnung entscheidet.

Art. 138

Änderungen der Einrichtungen des jetzt bestehenden Notariats in den Ländern Baden, Bayern, Württemberg-Baden und Württemberg-Hohenzollern bedürfen der Zustimmung der Regierungen dieser Länder.

Art. 139

Die zur »Befreiung des deutschen Volkes vom Nationalsozialismus und Militarismus« erlassenen Rechtsvorschriften werden von den Bestimmungen dieses Grundgesetzes nicht berührt.

Art 140

Die Bestimmungen der Artikel 136, 137, 138, 139 und 141 der deutschen Verfassung vom 11. August 1919 sind Bestandteil dieses Grundgesetzes.

Art. 141

Artikel 7 Abs. 3 Satz 1 findet keine Anwendung in einem Lande, in dem am 1. Januar 1949 eine andere landesrechtliche Regelung bestand.

Art. 142

Ungeachtet der Vorschrift des Artikels 31 bleiben Bestimmungen der Landesverfassungen auch insoweit in Kraft, als sie in Übereinstimmung mit den Artikeln 1 bis 18 dieses Grundgesetzes Grundrechte gewährleisten.

Art. 142a

(weggefallen)

Art. 143

(1) Recht in dem in Artikel 3 des Einigungsvertrags genannten Gebiet kann längstens bis zum 31. Dezember 1992 von Bestimmungen dieses Grundgesetzes abweichen, soweit und solange infolge der unterschiedlichen Verhältnisse die völlige Anpassung an die grundgesetzliche Ordnung noch nicht erreicht werden kann. Abweichungen dürfen nicht gegen Artikel 19 Abs. 2 verstoßen und müssen mit den in Artikel 79 Abs. 3 genannten Grundsätzen vereinbar sein.
(2) Abweichungen von den Abschnitten II, VIII, VIIIa, IX, X und XI sind längstens bis zum 31. Dezember 1995 zulässig.
(3) Unabhängig von Absatz 1 und 2 haben Artikel 41 des Einigungsvertrags und Regelungen zu seiner Durchführung auch insoweit Bestand, als sie vorsehen, dass Eingriffe in das Eigentum auf dem in Artikel 3 dieses Vertrags genannten Gebiet nicht mehr rückgängig gemacht werden.

Art. 143a

(1) Der Bund hat die ausschließliche Gesetzgebung über alle Angelegenheiten, die sich aus der Umwandlung der in bundeseigener Verwaltung geführten Bundeseisenbahnen in Wirtschaftsunternehmen ergeben. Artikel 87e Abs. 5 findet entsprechende Anwendung. Beamte der Bundeseisenbahnen können durch Gesetz unter Wahrung ihrer Rechtsstellung und der Verantwortung des Dienstherrn einer privat-

rechtlich organisierten Eisenbahn des Bundes zur Dienstleistung zugewiesen werden.
(2) Gesetze nach Absatz 1 führt der Bund aus.
(3) Die Erfüllung der Aufgaben im Bereich des Schienenpersonennahverkehrs der bisherigen Bundeseisenbahnen ist bis zum 31. Dezember 1995 Sache des Bundes. Dies gilt auch für die entsprechenden Aufgaben der Eisenbahnverkehrsverwaltung. Das Nähere wird durch Bundesgesetz geregelt, das der Zustimmung des Bundesrates bedarf.

Art. 143b

(1) Das Sondervermögen Deutsche Bundespost wird nach Maßgabe eines Bundesgesetzes in Unternehmen privater Rechtsform umgewandelt. Der Bund hat die ausschließliche Gesetzgebung über alle sich hieraus ergebenden Angelegenheiten.
(2) Die vor der Umwandlung bestehenden ausschließlichen Rechte des Bundes können durch Bundesgesetz für eine Übergangszeit den aus der Deutschen Bundespost POSTDIENST und der Deutschen Bundespost TELEKOM hervorgegangenen Unternehmen verliehen werden. Die Kapitalmehrheit am Nachfolgeunternehmen der Deutschen Bundespost POSTDIENST darf der Bund frühestens fünf Jahre nach Inkrafttreten des Gesetzes aufgeben. Dazu bedarf es eines Bundesgesetzes mit Zustimmung des Bundesrates.
(3) Die bei der Deutschen Bundespost tätigen Bundesbeamten werden unter Wahrung ihrer Rechtsstellung und der Verantwortung des Dienstherrn bei den privaten Unternehmen beschäftigt. Die Unternehmen üben Dienstherrenbefugnisse aus. Das Nähere bestimmt ein Bundesgesetz.

Art. 143c

(1) Den Ländern stehen ab dem 1. Januar 2007 bis zum 31. Dezember 2019 für den durch die Abschaffung der Gemeinschaftsaufgaben Ausbau und Neubau von Hochschulen einschließlich Hochschulkliniken und Bildungsplanung sowie für den durch die Abschaffung der Finanzhilfen zur Verbesserung der Verkehrsverhältnisse der Gemeinden und zur sozialen Wohnraumförderung bedingten Wegfall der Finanzierungsanteile des Bundes jährlich Beträge aus dem Haushalt des Bundes zu. Bis zum 31. Dezember 2013 werden diese Beträge aus

dem Durchschnitt der Finanzierungsanteile des Bundes im Referenzzeitraum 2000 bis 2008 ermittelt.

(2) Die Beträge nach Absatz 1 werden auf die Länder bis zum 31. Dezember 2013 wie folgt verteilt:

1. als jährliche Festbeträge, deren Höhe sich nach dem Durchschnittsanteil eines jeden Landes im Zeitraum 2000 bis 2003 errechnet;
2. jeweils zweckgebunden an den Aufgabenbereich der bisherigen Mischfinanzierungen.

(3) Bund und Länder überprüfen bis Ende 2013, in welcher Höhe die den Ländern nach Absatz 1 zugewiesenen Finanzierungsmittel zur Aufgabenerfüllung der Länder noch angemessen und erforderlich sind. Ab dem 1. Januar 2014 entfällt die nach Absatz 2 Nr. 2 vorgesehene Zweckbindung der nach Absatz 1 zugewiesenen Finanzierungsmittel; die investive Zweckbindung des Mittelvolumens bleibt bestehen. Die Vereinbarungen aus dem Solidarpakt II bleiben unberührt.

(4) Das Nähere regelt ein Bundesgesetz, das der Zustimmung des Bundesrates bedarf.

Art. 143d

(1) Artikel 109 und 115 in der bis zum 31. Juli 2009 geltenden Fassung sind letztmals auf das Haushaltsjahr 2010 anzuwenden. Artikel 109 und 115 in der ab dem 1. August 2009 geltenden Fassung sind erstmals für das Haushaltsjahr 2011 anzuwenden; am 31. Dezember 2010 bestehende Kreditermächtigungen für bereits eingerichtete Sondervermögen bleiben unberührt. Die Länder dürfen im Zeitraum vom 1. Januar 2011 bis zum 31. Dezember 2019 nach Maßgabe der geltenden landesrechtlichen Regelungen von den Vorgaben des Artikels 109 Absatz 3 abweichen. Die Haushalte der Länder sind so aufzustellen, dass im Haushaltsjahr 2020 die Vorgabe aus Artikel 109 Absatz 3 Satz 5 erfüllt wird. Der Bund kann im Zeitraum vom 1. Januar 2011 bis zum 31. Dezember 2015 von der Vorgabe des Artikels 115 Absatz 2 Satz 2 abweichen. Mit dem Abbau des bestehenden Defizits soll im Haushaltsjahr 2011 begonnen werden. Die jährlichen Haushalte sind so aufzustellen, dass im Haushaltsjahr 2016 die Vorgabe aus Artikel 115 Absatz 2 Satz 2 erfüllt wird; das Nähere regelt ein Bundesgesetz.

(2) Als Hilfe zur Einhaltung der Vorgaben des Artikels 109 Absatz 3 ab dem 1. Januar 2020 können den Ländern Berlin, Bremen, Saarland, Sachsen-Anhalt und Schleswig-Holstein für den Zeitraum 2011 bis

2019 Konsolidierungshilfen aus dem Haushalt des Bundes in Höhe von insgesamt 800 Millionen Euro jährlich gewährt werden. Davon entfallen auf Bremen 300 Millionen Euro, auf das Saarland 260 Millionen Euro und auf Berlin, Sachsen-Anhalt und Schleswig-Holstein jeweils 80 Millionen Euro. Die Hilfen werden auf der Grundlage einer Verwaltungsvereinbarung nach Maßgabe eines Bundesgesetzes mit Zustimmung des Bundesrates geleistet. Die Gewährung der Hilfen setzt einen vollständigen Abbau der Finanzierungsdefizite bis zum Jahresende 2020 voraus. Das Nähere, insbesondere die jährlichen Abbauschritte der Finanzierungsdefizite, die Überwachung des Abbaus der Finanzierungsdefizite durch den Stabilitätsrat sowie die Konsequenzen im Falle der Nichteinhaltung der Abbauschritte, wird durch Bundesgesetz mit Zustimmung des Bundesrates und durch Verwaltungsvereinbarung geregelt. Die gleichzeitige Gewährung der Konsolidierungshilfen und Sanierungshilfen auf Grund einer extremen Haushaltsnotlage ist ausgeschlossen.

(3) Die sich aus der Gewährung der Konsolidierungshilfen ergebende Finanzierungslast wird hälftig von Bund und Ländern, von letzteren aus ihrem Umsatzsteueranteil, getragen. Das Nähere wird durch Bundesgesetz mit Zustimmung des Bundesrates geregelt.

(4) Als Hilfe zur künftig eigenständigen Einhaltung der Vorgaben des Artikels 109 Absatz 3 können den Ländern Bremen und Saarland ab dem 1. Januar 2020 Sanierungshilfen in Höhe von jährlich insgesamt 800 Millionen Euro aus dem Haushalt des Bundes gewährt werden. Die Länder ergreifen hierzu Maßnahmen zum Abbau der übermäßigen Verschuldung sowie zur Stärkung der Wirtschafts- und Finanzkraft. Das Nähere regelt ein Bundesgesetz, das der Zustimmung des Bundesrates bedarf. Die gleichzeitige Gewährung der Sanierungshilfen und Sanierungshilfen auf Grund einer extremen Haushaltsnotlage ist ausgeschlossen.

Art. 143e

(1) Die Bundesautobahnen werden abweichend von Artikel 90 Absatz 2 längstens bis zum 31. Dezember 2020 in Auftragsverwaltung durch die Länder oder die nach Landesrecht zuständigen Selbstverwaltungskörperschaften geführt. Der Bund regelt die Umwandlung der Auftragsverwaltung in Bundesverwaltung nach Artikel 90 Absatz 2 und 4 durch Bundesgesetz mit Zustimmung des Bundesrates und garantiert die hindernisfreie Fortsetzung des Autobahnbetriebes einschließlich

seiner generellen Nutzbarkeit unter Berücksichtigung der hergebrachten Grundsätze des deutschen Bundesautobahn- und Bundesstraßenverkehrs[115].

(2) Auf Antrag eines Landes, der bis zum 31. Dezember 2018 zu stellen ist, übernimmt der Bund abweichend von Artikel 90 Absatz 4 die sonstigen Bundesstraßen des Fernverkehrs, soweit sie im Gebiet dieses Landes liegen, mit Wirkung zum 1. Januar 2021 in Bundesverwaltung.

(3) Durch Bundesgesetz mit Zustimmung des Bundesrates kann geregelt werden, dass ein Land auf Antrag die Aufgabe der Planfeststellung und Plangenehmigung für den Bau und für die Änderung von Bundesautobahnen und von sonstigen Bundesstraßen des Fernverkehrs, die der Bund nach Artikel 90 Absatz 4 oder Artikel 143e Absatz 2 in Bundesverwaltung übernommen hat, im Auftrage des Bundes übernimmt und unter welchen Voraussetzungen eine Rückübertragung erfolgen kann.

Art. 143f

Artikel 143d, das Gesetz über den Finanzausgleich zwischen Bund und Ländern sowie sonstige auf der Grundlage von Artikel 107 Absatz 2 in seiner ab dem 1. Januar 2020 geltenden Fassung erlassene Gesetze treten außer Kraft, wenn nach dem 31. Dezember 2030 die Bundesregierung, der Bundestag oder gemeinsam mindestens drei Länder Verhandlungen über eine Neuordnung der bundesstaatlichen Finanzbeziehungen verlangt haben und mit Ablauf von fünf Jahren nach Notifikation des Verhandlungsverlangens der Bundesregierung, des Bundestages oder der Länder beim Bundespräsidenten keine gesetzliche Neuordnung der bundesstaatlichen Finanzbeziehungen in Kraft getreten ist. Eine baldmöglichste Beendigung des Länderfinanzausgleiches ist zur Kostenklarheit und Kostenwahrheit aller beteiligten Länder anzustreben[116]. Der Tag des Außerkrafttretens ist im Bundesgesetzblatt bekannt zu geben.

115 Mobilität sicherzustellen, ist Aufgabe des Bundes.

116 Nur wer aus der eigenen, statt aus fremden Taschen lebt, lebt sparsam und verantwortungsbewusst.

Art. 143g

Für die Regelung der Steuerertragsverteilung, des Länderfinanzausgleichs und der Bundesergänzungszuweisungen bis zum 31. Dezember 2019 ist Artikel 107 in seiner bis zum Inkrafttreten des Gesetzes zur Änderung des Grundgesetzes vom 13. Juli 2017 geltenden Fassung weiter anzuwenden.

Art. 144

(1) Dieses Grundgesetz bedarf der Annahme durch die Volksvertretungen in zwei Dritteln der deutschen Länder, in denen es zunächst gelten soll.

(2) Soweit die Anwendung dieses Grundgesetzes in einem der in Artikel 23 aufgeführten Länder oder in einem Teile eines dieser Länder Beschränkungen unterliegt, hat das Land oder der Teil des Landes das Recht, gemäß Artikel 38 Vertreter in den Bundestag und gemäß Artikel 50 Vertreter in den Bundesrat zu entsenden.

Art. 145

(1) Der Parlamentarische Rat stellt in öffentlicher Sitzung unter Mitwirkung der Abgeordneten Groß-Berlins die Annahme dieses Grundgesetzes fest, fertigt es aus und verkündet es.

(2) Dieses Grundgesetz tritt mit Ablauf des Tages der Verkündung in Kraft.

(3) Es ist im Bundesgesetzblatte zu veröffentlichen.

Art. 146

Dieses Grundgesetz, das nach Vollendung der Einheit und Freiheit Deutschlands für das gesamte deutsche Volk gilt, verliert seine Gültigkeit an dem Tage, an dem eine neue[117] Verfassung in Kraft tritt, die von dem deutschen Volke in freier Entscheidung beschlossen worden ist.

---

117 Das Grundgesetz in seiner heutigen Gestalt ist unbeschadet seiner bislang fehlenden Annahme durch ausdrückliches Plebiszit kraft weithin unbestritten gelebter Faktizität als Verfassung im Rechtssinne zu deuten.